1D ONE DIRECTION

Título original: *One Direction - The Official Annual 2012*
Copyright © 2011 HarperCollins Children's Books 2011

Todos os direitos reservados. Nenhuma parte desta obra pode ser reproduzida ou transmitida por qualquer forma ou meio eletrônico ou mecânico, inclusive fotocópia, gravação ou sistema de armazenagem e recuperação de informação, sem a permissão escrita do editor.

Direção editorial
Jiro Takahashi

Editora
Luciana Paixão

Editora assistente
Anna Buarque

Assistência editorial
Roberta Bento

Texto: Sarah Delmege
Design: Wayne Redwood
Produção: Sian Smith
Fotografias: Simon Harris

Revisão
Rinaldo Milesi
Marcia Benjamim

Produção e arte
Marcos Gubiotti

CIP-Brasil. Catalogação na fonte
Sindicato Nacional dos Editores de Livros, RJ

O65

    One Direction: 100% oficial / [textos Sarah Delmege]; tradução Antônia Bona. – São Paulo: Prumo, 2012.
    64p.: il. ; 28 cm

    Tradução de: One Direction: the official annual 2012
    ISBN 978-85-7927-219-6

    1. One Direction (Conjunto musical). 2. Cantores - Inglaterra - História. 3. One Direction (Conjunto musical) - Retratos. I. Delmege, Sarah.

12-4716.
    CDD: 782.421640942
    CDU: 784.011.26(420)

Direitos de edição para o Brasil: Editora Prumo Ltda.
Rua Júlio Diniz, 56 – 5º andar – São Paulo - SP – CEP: 04547-090
Tel.: (11) 3729-0244 – Fax: (11) 3045-4100
E-mail: contato@editoraprumo.com.br
Site: www.editoraprumo.com.br

1D ONE DIRECTION
100% OFICIAL

Tradução
Antônia Bona

PRUMO

1D 1D

1D   1D

1D 1D

1D ONE DIRECTION

SUMÁRIO

08-17	Como tudo começou
18-19	O surgimento do One Direction
22-23	O grande teste sobre o One Direction
24-25	A vida depois do X Factor
26-27	A amizade entre os garotos
28-29	One Direction sem censura
32-35	Guia de estilo do One Direction
36-37	Fotos da infância!
38-39	Quem disse?
40-47	Passando um tempo com o 1D
48-49	Quem é o seu favorito?
52-53	Namorando um 1D
54-55	Viva como os garotos do 1D!
56-57	One Direction e você
58-61	O futuro

COMO TUDO COMEÇOU

A banda abre seus álbuns de fotos e conta suas histórias da infância.

Liam

Nome: Liam James Payne
Data de nascimento: 29 de agosto de 1993
Signo: virgem
Cidade natal: Wolverhampton
Cor dor olhos: castanhos
Loção pós-barba favorita: 1 Million de Paco Rabanne
Produto de beleza favorito: cera para os cabelos
Adora fazer parte do One Direction porque: nunca fica entediado

A descoberta da voz

"Comecei a cantar quando tinha uns seis anos. A gente ia para a casa do meu avô em Cornwall ou para campings nas férias e eu ficava o tempo todo cantando no caraoquê. A música que mais gostava de cantar era 'Angels' do Robbie Williams."

Sonhos de infância

"A certa altura, queria ser lutador de boxe e treinava três vezes por semana, mas tive que parar por causa do X Factor, porque você não pode aparecer no palco cheio de manchas roxas."

Não desista

"Eu tinha 14 anos quando fiz meu primeiro teste para o X Factor em 2008, mas o Simon não me deixou passar porque achou que eu não estava pronto. Foi uma decepção enorme, mas a concorrência era dura. E pensando bem, agradeço por não ter passado, senão eu não estaria no One Direction agora."

O que os outros dizem sobre o Liam

Louis: "Acho que Liam é o mais sensível de todos."
Zayn: "Ele não é o pai da banda, é o vovô! Foi bom ele entrar na banda, assim ele ficou mais imaturo. Antes, ele achava que tinha uns 30 anos de idade!"
Liam: "O vovô? Acho que é o mais sensível. Adoramos dar risada e fazer parte do One Direction é muito divertido, mas às vezes é preciso deixar o senhor Seriedade tomar a dianteira."

Louis

Nome: Louis William Tomlinson
Data de nascimento: 24 de dezembro de 1991
Signo: capricórnio
Cidade natal: Doncaster
Cor dos olhos: azuis
Loção pós-barba favorita: Hollister
Produto de beleza favorito: xampu seco
– para quando não tenho tempo de lavar os cabelos
Adora fazer parte do One Direction porque: damos muita risada.
E também porque fiz quatro novos amigos.

Professor Tomlinson
"Queria ser ator ou cantor desde os 13 anos. Mas sempre tive um plano B... Como adoro crianças, decidi que seria legal ser professor. Vai ser engraçado se o Zayn e eu estudarmos juntos um dia."

Gostinho do sucesso
"Quando tinha 15 ou 16 anos, coloquei alguns vídeos no Youtube nos quais eu cantava músicas como 'Look After You' do The Fray, para ver se conseguia alguma coisa. Também há um vídeo no qual eu faço o papel do Danny na montagem que fizemos de *Nos Tempos da Brilhantina* na minha escola. Adorei fazer aquela peça, dei muita risada, e fiquei muito feliz de conseguir o papel, porque foi a primeira vez que fiz um teste."

Vidente
"Muita gente reclama da escola, mas na verdade eu gostava e sinto falta. Lembro que um dos meus professores de religião me disse quando eu tinha 15 anos: 'Pela sua personalidade, posso dizer que você vai fazer coisas importantes.'"

O que os meninos falam sobre o Louis
Zayn: "Ele é um palhaço! As pessoas sempre dizem que o Harry ou o Niall são os encrenqueiros do grupo, mas nos bastidores, é sempre o Louis que apronta. Ele gosta de quebrar as regras, não gosta muito de segui-las."

Louis: "Quando precisamos ser profissionais, posso ser sério, mas ADORO dar risada."

Harry

Nome: Harry Edward Styles
Data de nascimento: 1 de fevereiro de 1994
Signo: aquário
Cidade natal: Cheshire
Cor dos olhos: verdes
Loção pós-barba favorita: Bleu de Chanel
Produto de beleza favorito: xampu – uso o Elvive da L'Oreal
Adora fazer parte do One Direction porque: adoro os quatro caras com quem trabalho.

Artista desde criança

"Comecei a cantar no ensino fundamental e sempre participava de peças e apresentações, então comecei a me apresentar cedo. Sempre quis fazer alguma coisa pela qual eu recebesse um bom dinheiro. Gostava da ideia de ser cantor, mas não sabia como chegar lá."

Sucesso desde cedo

"Montei uma banda chamada White Eskimo com alguns amigos da escola. Nos apresentávamos na cidade e ganhamos uma disputa de bandas. Ganhar esse concurso e tocar na frente de um monte de gente me mostrou que cantar era realmente o que eu queria fazer. Fiquei tão emocionado de estar na frente de todas aquelas pessoas que desejei fazer aquilo cada vez mais."

Obrigado, mãe!

"Minha mãe sempre me disse que eu cantava bem e foi ela quem me inscreveu no X Factor. Claro que eu também tinha a esperança de que os jurados gostassem de mim. Se eles não tivessem me escolhido, isso teria sido um grande obstáculo para os meus planos de dominação do mundo."

O que os meninos dizem sobre o Harry

Niall: "Cabeção!"
Louis: "Sem dúvida, é o mais brincalhão."
Niall: "E ele também é cabeção."
Louis: "Ele gosta de chamar a atenção mas também é um grande amigo para todos, é muito fácil conversar com ele."

Zayn

Nome: Zayn Jawaad Malik
Data de nascimento: 12 de janeiro de 1993
Signo: capricórnio
Cidade natal: Bradford
Cor dos olhos: castanhos claros
Loção pós-barba favorita: Unforgivable de Sean John
Produto de beleza favorito: cera para cabelos
Adora fazer parte do One Direction porque: ganho muitas roupas grátis e posso fazer o que amo todos os dias

Agitado
"Sempre fui o mais barulhento da casa. Na verdade, era tão hiperativo que minha mãe até me levou ao médico."

Um caminho diferente
"Atuo desde os 12 anos e participei de várias apresentações porque estava em uma escola de artes cênicas. Desde pequeno, sempre quis ser ator, mas também gostava da ideia de ser professor de teatro. Louis e eu somos muito parecidos nisso... queremos fazer as mesmas coisas."

Expectativas
"Lembro da minha professora de teatro me dizendo que se eu seguisse em frente e trabalhasse duro, poderia realmente me tornar alguém. Mas acho que ela provavelmente dizia isso para todo mundo, então não levei muito a sério."

O que os meninos dizem sobre o Zayn
Louis: "Se quero quebrar as regras e aprontar, ele é o cara que me acompanha."
Zayn: "Não, não sou não!"
Liam: "O Zayn também é bem tranquilo. Quando ele conhece alguém, não fala muito."
Zayn: "Antes do programa, eu era tímido, mas agora que estou com a banda, estou me abrindo um pouco mais."

Niall

Nome: Niall James Horan
Data de nascimento: 13 de setembro de 1993
Signo: virgem
Cidade natal: Westmeath, Irlanda
Cor dos olhos: azuis
Loção pós-barba favorita: Armani Mania
Produto de beleza favorito: cera e gel para cabelos
Adora fazer parte do One Direction porque: nos damos bem

Cidade pequena, grandes sonhos
"A cidade que eu morava era muito legal, mas bem pequena e não tinha muita coisa para os jovens fazerem. Adoro tocar violão e passava a maior parte do tempo com os meus amigos ou cantando, e claro que de tanto cantar acabei indo parar no X Factor."

A descoberta do talento
"Quando entrei no ensino médio, todo mundo percebeu que eu sabia cantar, então comecei a participar de concursos de talentos e até ganhei alguns. Enquanto estava participando de um deles, um cara perguntou se eu queria participar de um outro concurso na cidade. Apesar de não ter ganho, saíram várias matérias sobre mim nos jornais locais, o que foi bem bacana."

O que os meninos dizem sobre o Niall
Harry: "Todo mundo tem inveja do Niall porque ele pode ser bem imaturo por causa da sua cara de bebê. Eu sou o mais novo, mas todo mundo acha que é ele."
Liam: "É muito tranquilo. Diria que ele topa qualquer parada."

O SURGIMENTO DO ONE DIRECTION

Como a lenda começou...

Parece estranho pensar que os garotos nem sempre fizeram parte do mesmo grupo. Cada um deles chegou ao X Factor como um artista solo nervoso e com a expectativa de que aquele poderia ser o dia em que sua vida mudaria para sempre. Eles sabiam da importância dos testes. Além disso, existem vários tipos de programa de televisão, e o X Factor é muito especial. Todo mundo que quer ser cantor no Reino Unido adoraria participar dele.

Mas as coisas não saíram como planejadas. Apesar de todos os cinco terem se apresentado muito bem e os jurados terem gostado deles, acharam que os garotos não tinham experiência suficiente. E na última fase, parecia que tudo tinha chegado ao fim quando os meninos descobriram que tinham sido eliminados. Eles ficaram arrasados. Saíram do palco com seus sonhos destruídos. Então alguém disse que eles estavam sendo chamados no palco porque os jurados queriam anunciar alguma coisa. Harry, Louis, Liam, Niall e Zayn não faziam ideia do que estava para acontecer.

Liam conta que "Quando a Nicole disse que éramos muito talentosos para irmos embora e que eles queriam que a gente formasse uma banda, minha cabeça começou a girar. Ela disse 'Vocês vão ter a oportunidade de saber como é fazer parte de uma banda'. Daí o Simon disse que iríamos para a Casa dos Jurados e que tínhamos chance de ganhar. Acho que ninguém sabia o que dizer".

"Comecei a chorar como uma criancinha", Louis conta rindo ao lembrar do episódio.

Os meninos gritaram e se abraçaram, pulando de empolgação. Mas alguns minutos depois, caíram na realidade. Ser uma banda era um risco. O que aconteceria se eles não conseguissem ir adiante?

"Quando o Simon nos disse que seríamos parte de um grupo, dei um grito de felicidade. Depois, entrei em pânico. E se eu não me desse bem com alguém?", lembra Harry.

Não havia precedentes. Isso nunca havia acontecido antes. Os meninos estavam entrando para a história do X Factor. Mas quando eles se olharam, sabiam que estavam preparados para fazer o que fosse necessário para aproveitar essa oportunidade.

Tomada a decisão, havia apenas uma coisa que eles precisavam fazer, e rápido. Encontrar um nome. Eles tiveram várias ideias diferentes, mas nenhuma parecia boa o suficiente. Então Harry pensou em algo, "Todos queriam a mesma coisa desde o começo, então pensei no nome One Direction".

Assim que Niall, Liam, Louis e Zayn ouviram, adoraram o nome. Parecia perfeito para eles. Resumia exatamente o que eles queriam e soava bem. One Direction era o nome. E com certeza eles causaram impacto com sua apresentação. Desde o começo, era óbvio que os meninos tinham a postura certa. E agora iriam se dedicar a tornar o grupo um sucesso. E tinham tudo o que era preciso para chegar ao topo: talento, dedicação, espírito de equipe e, acima de tudo, atitude positiva. Era melhor o mundo se preparar: o One Direction tinha acabado de chegar.

One Direction era o nome.

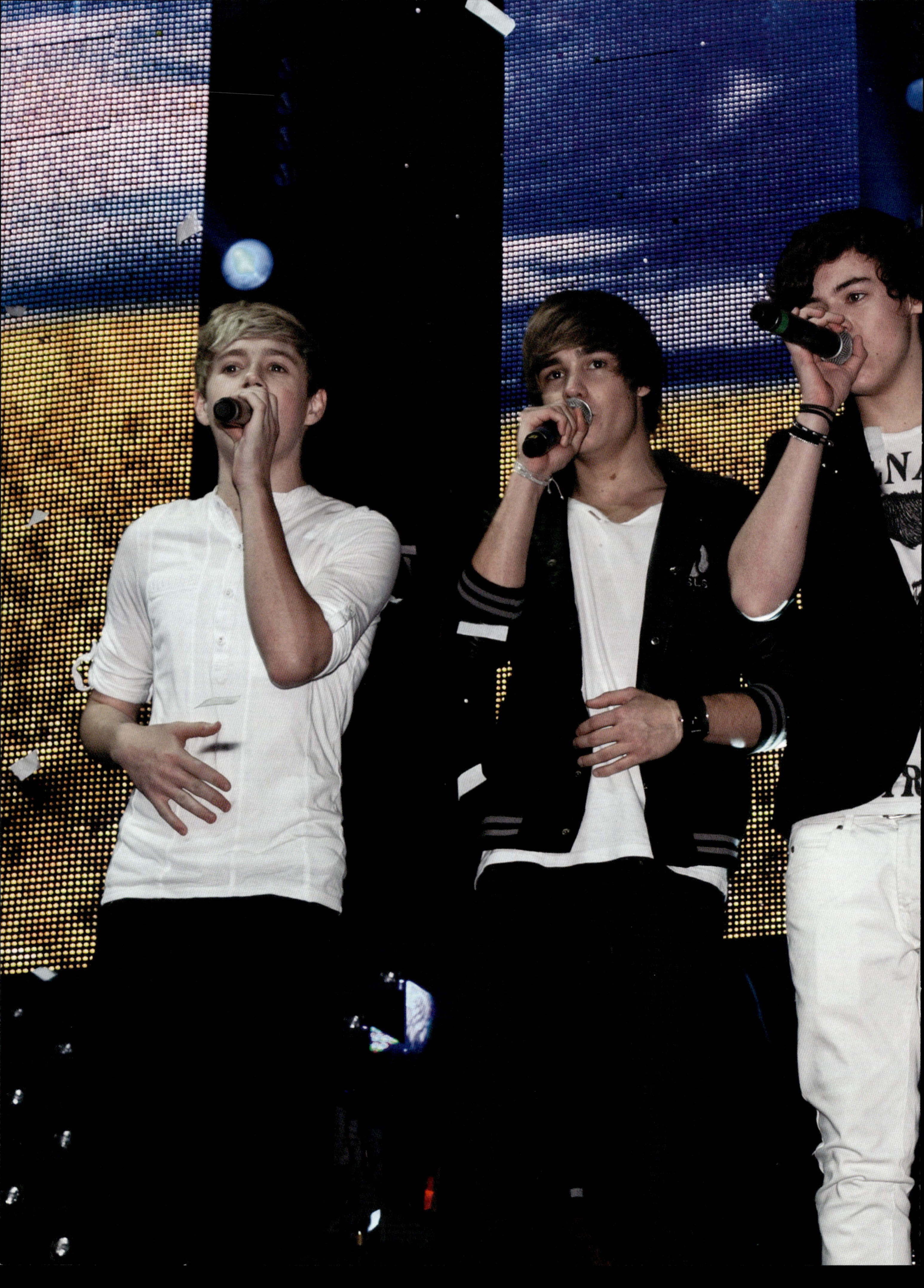

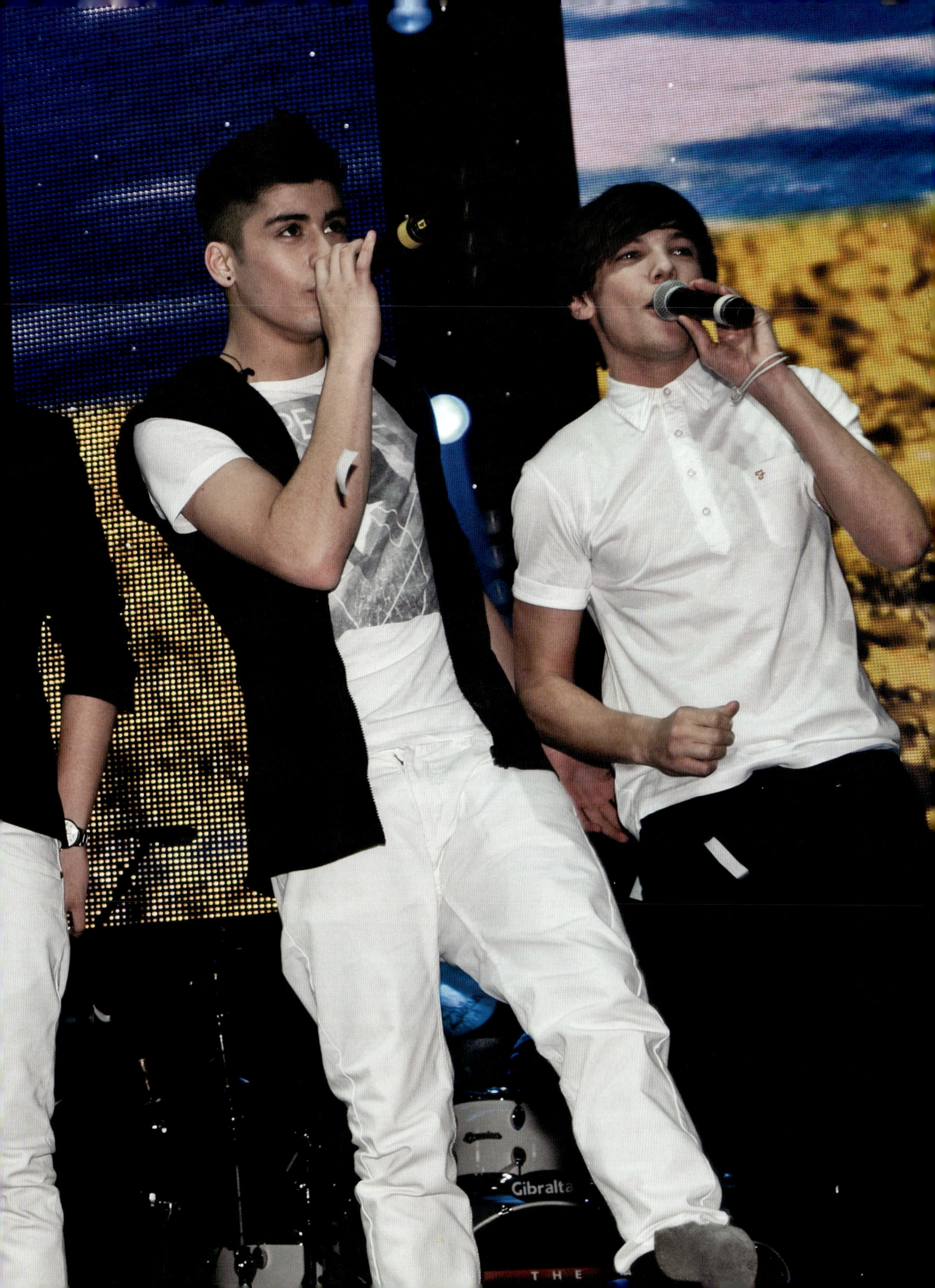
Gibralta
THE

O GRANDE TESTE SOBRE O ONE DIRECTION

Você acha que conhece o 1D pelo avesso?
Faça o nosso teste para superfãs e descubra...

Primeira Rodada **Pegadinhas!**

1. O que o Louis queria ser quando crescesse?
   A. Famoso
   B. Um Power Ranger
   C. Piloto de corrida
   D. Dublê

2. Qual o nome da irmã do Harry?
   A. Rachel
   B. Lizzie
   C. Lauren
   D. Gemma

3. Qual destas músicas Niall cantou em um concurso em sua cidade?
   A. 'I'm Yours'
   B. 'You're the One That I Want'
   C. 'Pokerface'
   D. 'Cry Me a River'

4. Quantos anos tinha Zayn quando teve sua primeira namorada?
   A. 13
   B. 16
   C. 10
   D. 15

5. Qual era o nome do grupo de teatro de Liam?
   A. Green Door
   B. Blue Post
   C. Pink Productions
   D. Sparkle Performers

Segunda Rodada

O quê?

Complete com as palavras que estão faltando!

1. "Sentia que se cantasse iria ficar _____. Não entendi nada." Harry (quando ficou com medo de entrar no palco)

2. "Não sou como as pessoas pensam. Sou um pouco _____ às vezes, mas também trabalho duro." Louis

3. "Agora que tive uma _____ chance, não vou estragá-la." Liam

4. "Não sou uma daquelas pessoas que tem um monte de _____." Zayn

5. "Queremos _____ as pessoas. Queremos que elas saibam que não somos uma *boy band* comum." Niall

22

Terceira rodada Diga o nome destas músicas no X Factor

1. Quem cantou 'Isn't She Lovely' do Stevie Wonder no seu teste?
2. Qual música os meninos cantaram com Robbie Williams?
3. Qual música os meninos cantaram no primeiro show ao vivo no X Factor?
4. Eles fizeram um *cover* de qual música da Rihanna?
5. Qual música eles teriam cantado se tivessem ganhado o concurso?

Quarta rodada Alguns números!

1. Em que ano os meninos participaram do X Factor?
2. Em que ano Harry nasceu?
3. Quantas vezes eles se apresentaram no Campo de Treinamento?
4. Quantas vezes eles se apresentaram na Casa dos Jurados?
5. Durante quantas semanas o One Direction fez apresentações ao vivo no programa?

Respostas

Primeira rodada
1. B. Um Power Ranger
2. D. Gemma
3. A. 'I'm Yours'
4. D. 15
5. C. Pink Productions

Segunda rodada
1. enjoado
2. maluco
3. segunda
4. amigos
5. surpreender

Terceira rodada
1. Harry
2. 'She's the One'
3. 'Viva la Vida', do Coldplay
4. 'Only Girl in the World'
5. 'Forever Young'

Quarta rodada
1. 2010
2. 1994
3. 100
4. 8
5. 10

A VIDA DEPOIS DO X FACTOR

Tivemos uma conversa exclusiva com os meninos!

Vocês pensaram em desistir depois do X Factor?

Louis: "Meus amigos me diziam: 'Então você vai voltar para a escola?' Mas não conseguia imaginar não seguir em frente, depois de tudo o que passei."

Liam: "Tínhamos chegado tão longe, não dava pra dizer 'Tá bom, obrigado, até depois, caras.' Tínhamos tantos planos e precisávamos levar isso adiante. Desde então, estamos nos dedicando muito."

Zayn: "Agora que fazemos parte de uma banda, acho que nenhum de nós voltaria para a carreira solo."

Liam: "Fizemos uma sessão de fotos outro dia e tivemos que fazer fotos individuais. Foi estranho ficar sozinho. Você fica bem nervoso. Normalmente você pode contar com os outros caras e quando fica por conta própria é tipo 'Nossa!'. E a ideia de estar em um palco de dezoito metros sozinho é um pouco assustadora."

Harry: "Quando estamos em um ônibus ou em um quarto de hotel há horas, sempre dizemos 'Isso não ia ser muito chato se tivéssemos uma carreira solo?'. Seria muito solitário ficar sozinho. As viagens de ônibus não parecem tão compridas quando estamos juntos."

Como vocês se sentiram quando não ganharam?

Niall: "Choramos um pouco depois que o choque passou. Simon bateu no meu ombro e disse 'Não chore'. Ele estava realmente chateado, não conseguia acreditar. Então saímos e fizemos uma grande festa!"

Zayn: "Depois, todo mundo disse pra gente 'Nunca vimos Simon tão chateado!'. Louis Walsh disse que estava muito decepcionado por não termos ganhado."

Liam: "Mas assistir aos nossos melhores momentos foi incrível. Nos sentimos ótimos vendo até onde tínhamos chegado."

O que vocês acham do Simon Cowell?

Harry: "É competitivo pra caramba!!!"

Niall: "É um de nós. Não o julguem pela impressão que ele passa na tevê! É o trabalho dele, tem um programa a fazer. É um cara legal, com os pés no chão e que gosta de fazer brincadeiras."

Liam: "Tentamos chamá-lo de tio Simon, mas ele diz que prefere ser chamado de irmão mais velho!"

Niall: "Ele diz que gosta da gente porque queremos ser como ele."

Harry: "Tivemos uma reunião com ele na qual dissemos que queríamos ser os melhores, e nos sentimos um pouco estranhos e achamos que ele talvez achasse que estávamos exagerando. Ele disse, tipo, 'Que bom. Eu também'."

Contem sobre o seu primeiro disco.

Zayn: "Temos vozes bastante diferentes e nossos estilos individuais, então podemos brincar com isso e com cada uma das nossas qualidades. Pudemos ter sons diferentes no disco, alternar o cantor principal e ainda manter o interesse mudando as coisas."

Louis: "Acho que é importante mantermos a unidade do nosso som. É legal quando as pessoas dizem 'Essa é uma música do One Direction'. E não queremos fazer algo tão diferente que não agrade nossos fãs."

No que vocês gastaram seu dinheiro até agora?

Louis: "Acho que tenho um problema. Toda vez que saio, quero comprar alguma coisa. Sempre quero os aparelhos mais modernos. Não sou daquelas pessoas que gostam de economizar. Vivo a vida a 100 km/h. Gasto a maior parte do meu dinheiro com roupas."

Harry: "Comprei um monte de roupas."

Niall: "Quando temos alguns dias de folga, os caras vão às compras e eu fico em casa relaxando. Zayn e Liam são parecidos comigo."

Liam: "Eu só compro coisas para os outros. No Natal, comprei quatro iPads, um computador e um celular. Mas estou guardando o restante."

Vocês competem por causa das meninas?

Liam: "Na verdade, ainda não passamos por isso. O Harry é o primeiro da lista da maioria das meninas, mas elas também sempre gostam de algum outro."

Niall: "Quem não gosta de atenção? Na nossa idade, sabe, quem não gosta?"

Liam: "Voltamos para o hotel outro dia e havia duzentas meninas nos esperando. Foi incrível."

"Quem não gosta de atenção?"

A AMIZADE ENTRE OS GAROTOS

Os rapazes realmente aprenderam a se relacionar como uma banda.

Então... contem sobre a amizade de vocês!

Zayn: "Quando não estamos juntos, trocamos mensagens dizendo 'Ei, tô com saudades!'. Parece coisa de menina, mas esse nível de proximidade é importante."

Liam: "É muito louco como somos próximos. No Natal, perdi a chance de ver o Harry andando pelado pela casa e o Niall soltando gases o tempo todo."

Louis: "Adoro todos eles, mas o Harry e eu somos melhores amigos. Temos muito em comum, então ficamos no mesmo quarto nos hotéis e pegamos táxi juntos, tenho pena de quem faz tudo sozinho."

Niall: "Somos muito grudados! Na verdade, somos cinco melhores amigos... a gente se diverte o tempo todo! E a gente mexe tanto uns com os outros que seria impossível que um de nós ficasse metido."

Louis: "Desde o começo, sempre cuidamos uns dos outros."

Vocês tem papéis diferentes na banda?

Liam: "Normalmente é o Louis ou eu quem fica no pé das pessoas nos bastidores quando precisamos entrar no palco. Trabalhamos como uma equipe. Mas o Niall gosta de se divertir o tempo todo."

Louis: "A memória dele é horrível. Ele parece um peixinho dourado."

Niall: "Isso não é verdade."

Harry: "Ah, é sim."

Louis: "O Harry é como o fiel da balança. Ele brinca mas também trabalha. Ele sabe onde está o limite. Se há uma discussão, é ele quem ajuda a apaziguar as coisas. Diante das câmeras, o Zayn é bastante tímido, mas na vida real ele não é nem um pouco assim. Ele já se abriu bastante."

Zayn: "O mais engraçado é que eu sempre fui barulhento. Mas por algum motivo na tevê parece que eu sou o mais quieto. Provavelmente porque esses caras são mais barulhentos do que eu."

Qual a briga mais boba que o One Direction já teve?

Louis: "Provavelmente quando Zayn e eu brigamos por causa do jogo 'Fifa' do Playstation outro dia. Você sabe como os garotos podem ser competitivos. Mas não guardamos mágoas e fizemos as pazes cinco minutos depois."

Niall: "Quando estávamos no X Factor, brigávamos por coisas como 'Por que você está usando os meus sapatos?'. Mas isso acontecia porque estávamos o tempo todo cansados. Para ser sincero, não brigamos de verdade."

Zayn: "A coisa mais boba pela qual o Louis e eu já brigamos foi, acreditem ou não, por causa de uma sacola plástica. Mas a briga durou dois segundos e ficou tudo bem depois."

Harry: "Acho que é por causa do Playstation... sobre quem é melhor do que quem."

Quem tem o hábito mais irritante?

Louis: "O Harry às vezes fala enquanto dorme, o que foi estranho na primeira vez que aconteceu. Mas agora comecei a falar enquanto durmo e também a andar, então é tudo meio louco."

Niall: "O Liam e o Zayn são bem bacanas... É o Louis que faz todo o barulho! Apesar que o Zayn está sempre se olhando no espelho, o que pode ser bem irritante."

Zayn: "Liam não tem nenhum hábito ruim, por isso que gosto de dividir o quarto com ele. Mas o Harry ronca."

Harry: "Aparentemente, eu falo e ando enquanto estou dormindo. Vou comprar o aplicativo de celular para quem fala dormindo então assim vou saber se é verdade. Em relação aos outros, o Louis está sempre arrumando o cabelo. Isso conta?"

Liam: "Para mim, tem que ser o Niall. Ele está sempre soltando gases!"

"É muito louco como somos próximos."

ONE DIRECTION SEM CENSURA

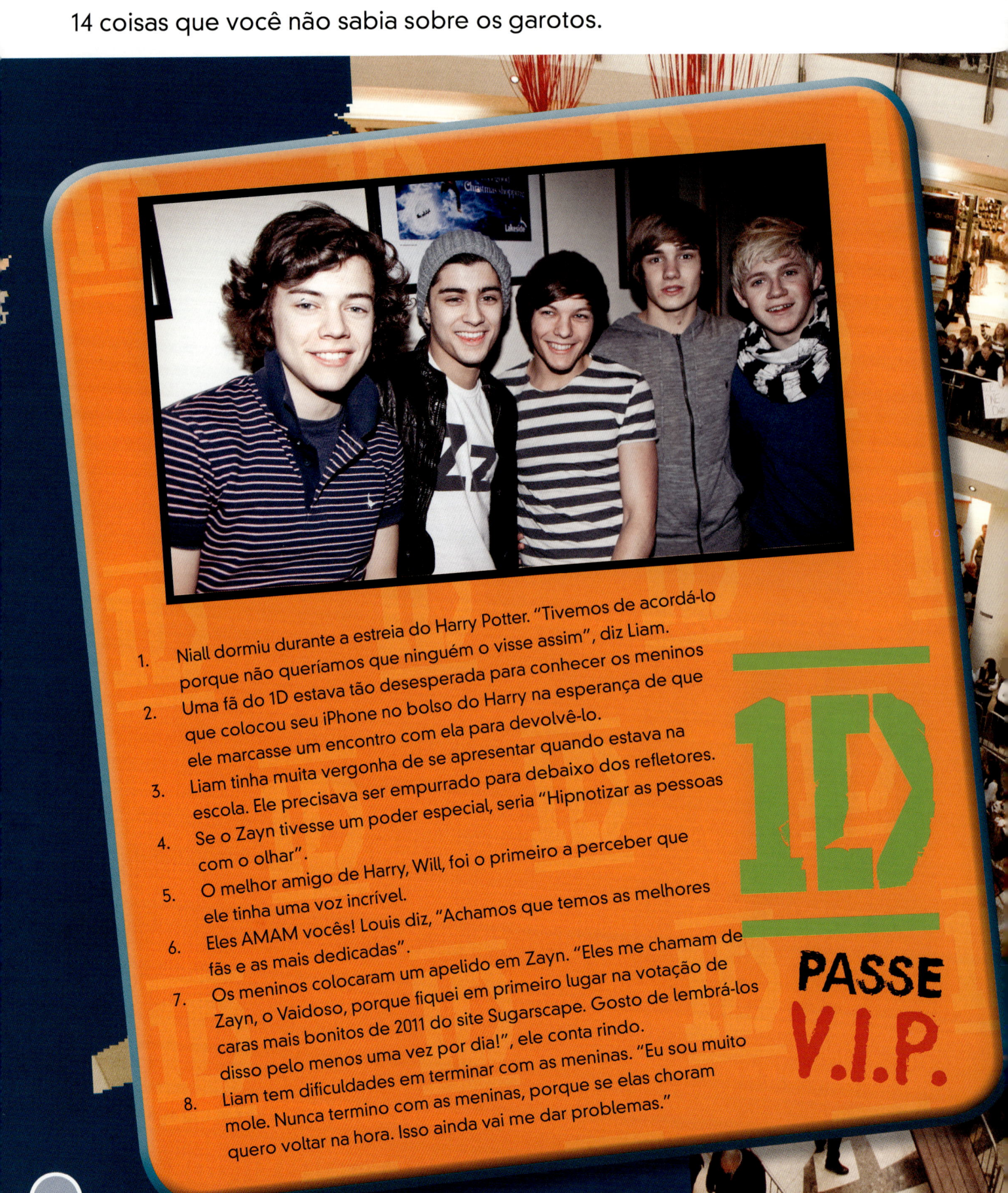

14 coisas que você não sabia sobre os garotos.

1. Niall dormiu durante a estreia do Harry Potter. "Tivemos de acordá-lo porque não queríamos que ninguém o visse assim", diz Liam.
2. Uma fã do 1D estava tão desesperada para conhecer os meninos que colocou seu iPhone no bolso do Harry na esperança de que ele marcasse um encontro com ela para devolvê-lo.
3. Liam tinha muita vergonha de se apresentar quando estava na escola. Ele precisava ser empurrado para debaixo dos refletores.
4. Se o Zayn tivesse um poder especial, seria "Hipnotizar as pessoas com o olhar".
5. O melhor amigo de Harry, Will, foi o primeiro a perceber que ele tinha uma voz incrível.
6. Eles AMAM vocês! Louis diz, "Achamos que temos as melhores fãs e as mais dedicadas".
7. Os meninos colocaram um apelido em Zayn. "Eles me chamam de Zayn, o Vaidoso, porque fiquei em primeiro lugar na votação de caras mais bonitos de 2011 do site Sugarscape. Gosto de lembrá-los disso pelo menos uma vez por dia!", ele conta rindo.
8. Liam tem dificuldades em terminar com as meninas. "Eu sou muito mole. Nunca termino com as meninas, porque se elas choram quero voltar na hora. Isso ainda vai me dar problemas."

1D

PASSE V.I.P.

9. Louis tem uma cueca com os dizeres "lubbly jubbly"!
10. Liam costumava praticar os beijos nas costas da sua mão.
11. Niall tem facilidade com sotaques. Seu pai diz que ele provavelmente imita o sotaque Geordie* melhor do que a Cheryl Cole!
12. Os meninos podem ferver no palco, mas não são tão bons na cozinha. "Outro dia, o Harry quase colocou fogo na casa!", Niall conta, dando risada.
13. O primeiro beijo de Zayn aconteceu quando ele tinha apenas 10 anos de idade. "Ela era mais alta do que eu, tive de subir num murinho pra conseguir beijá-la."
14. No momento, Louis tem os maiores bíceps do grupo. "Não consigo parar de exibi-los. Principalmente na frente do Liam."

* Sotaque característico da região nordeste da Inglaterra.

1D

PASSE V.I.P.

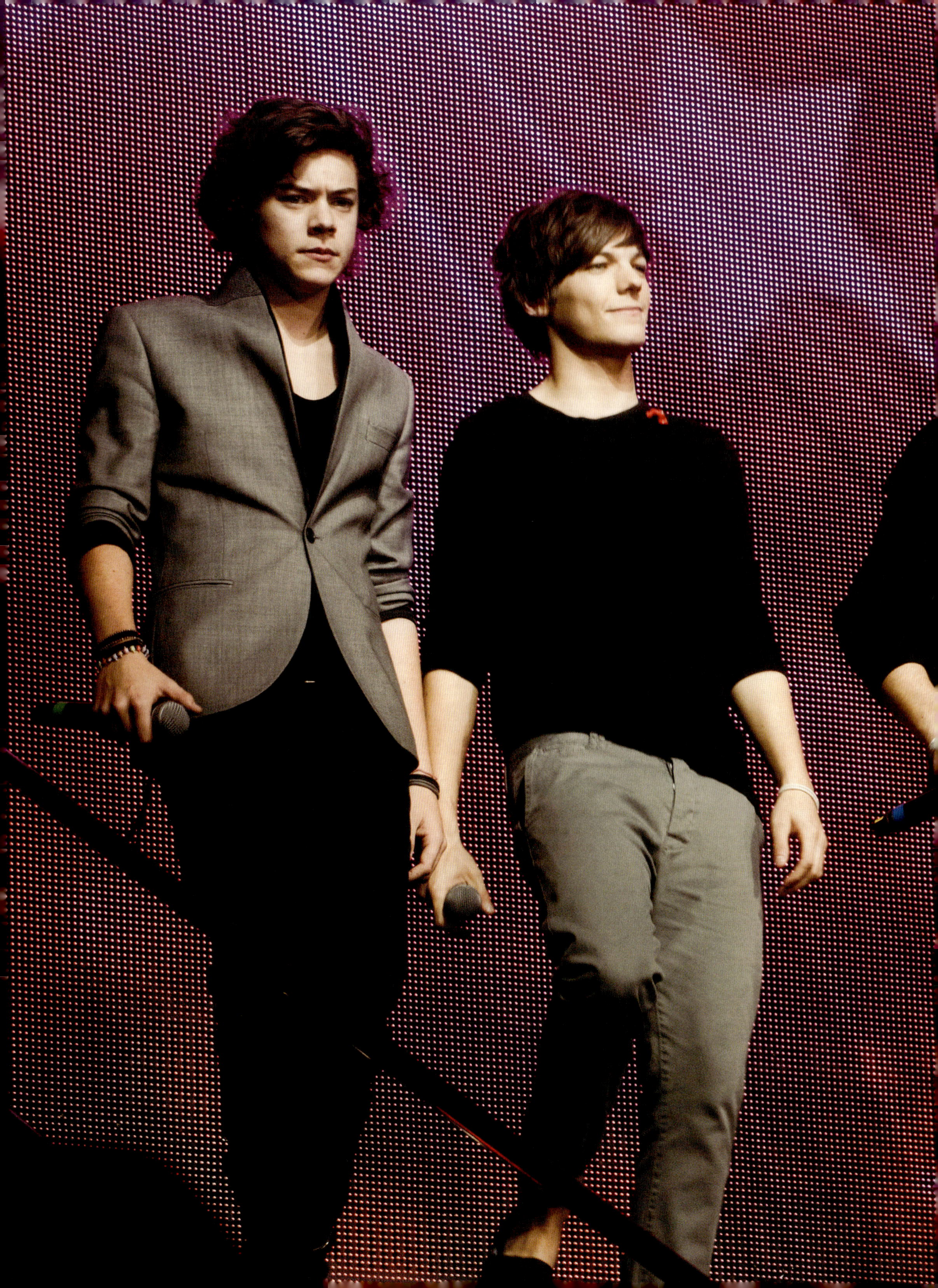

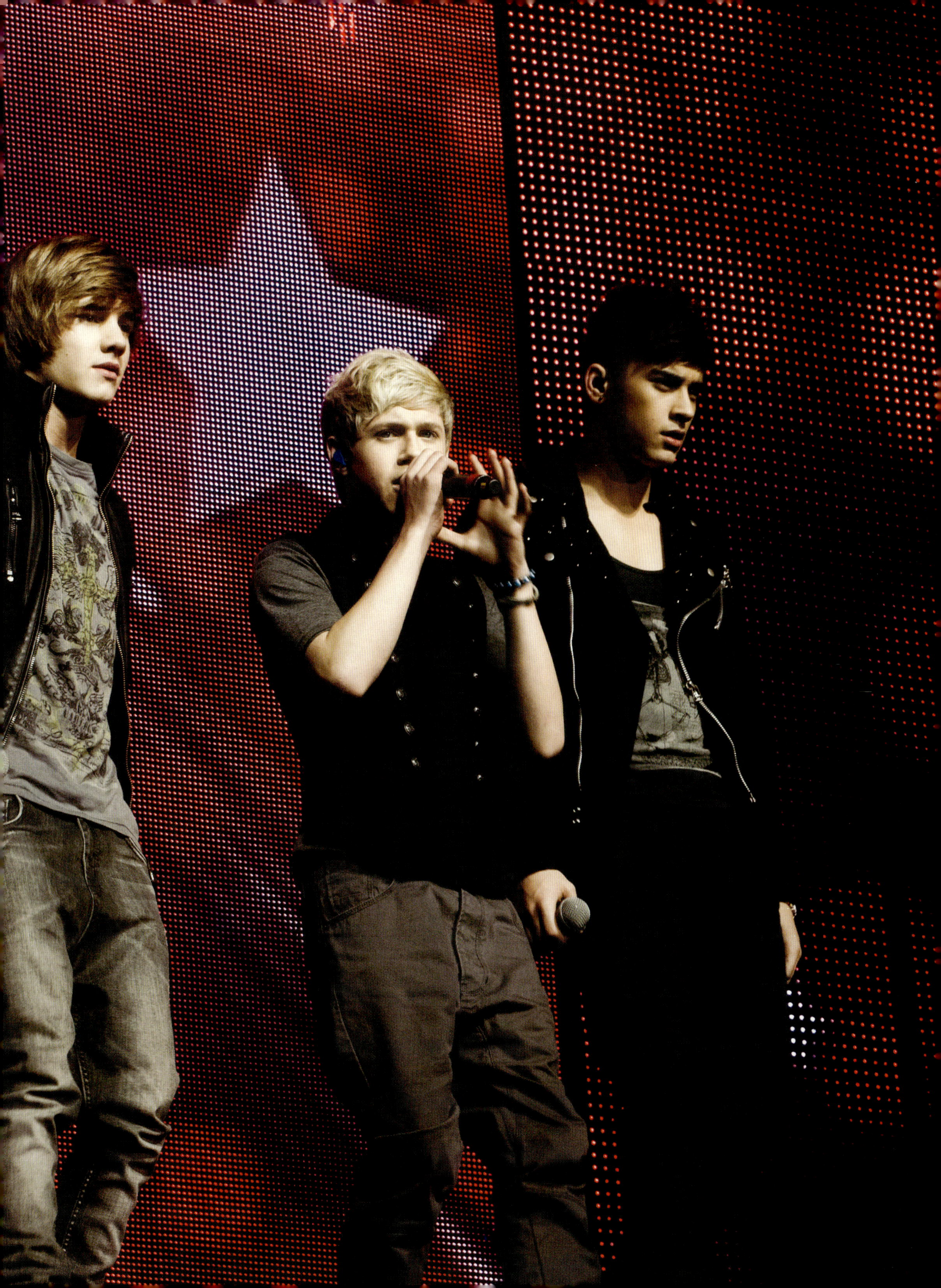

GUIA DE ESTILO DO ONE DIRECTION

Seguir a moda é muito importante para o 1D. E quando se faz parte de uma banda, é preciso combinar o estilo de todos e chegar a um visual comum. Harry explica: "Todos nós queríamos manter a individualidade, mas também precisávamos parecer uma banda, então demos uns toques no look que já tínhamos".

E todos conseguiram fazer isso superbem! Apesar de parecerem um grupo, ainda é possível ver traços da personalidade de cada um dos garotos. Harry ainda demonstra o mesmo bom gosto que mostrou no primeiro teste e Niall costuma usar camisas abotoadas até o pescoço.

E os meninos usam mesmo as roupas para mostrar suas personalidades. Quem não lembra quando Louis foi visto saindo do estúdio usando uma camisola de hospital? Ou dos macacões coloridos com os quais os garotos foram fotografados?

Roupas à parte, o estilo do One Direction varia entre os membros e vai desde o visual engomadinho, passando pelo descolado até o de vizinho fofo. Não importa se eles estão de terno e gravata ou de chinelo de dedo, conseguem estar sempre bem sem fazer esforço!

"Queríamos manter a individualidade."

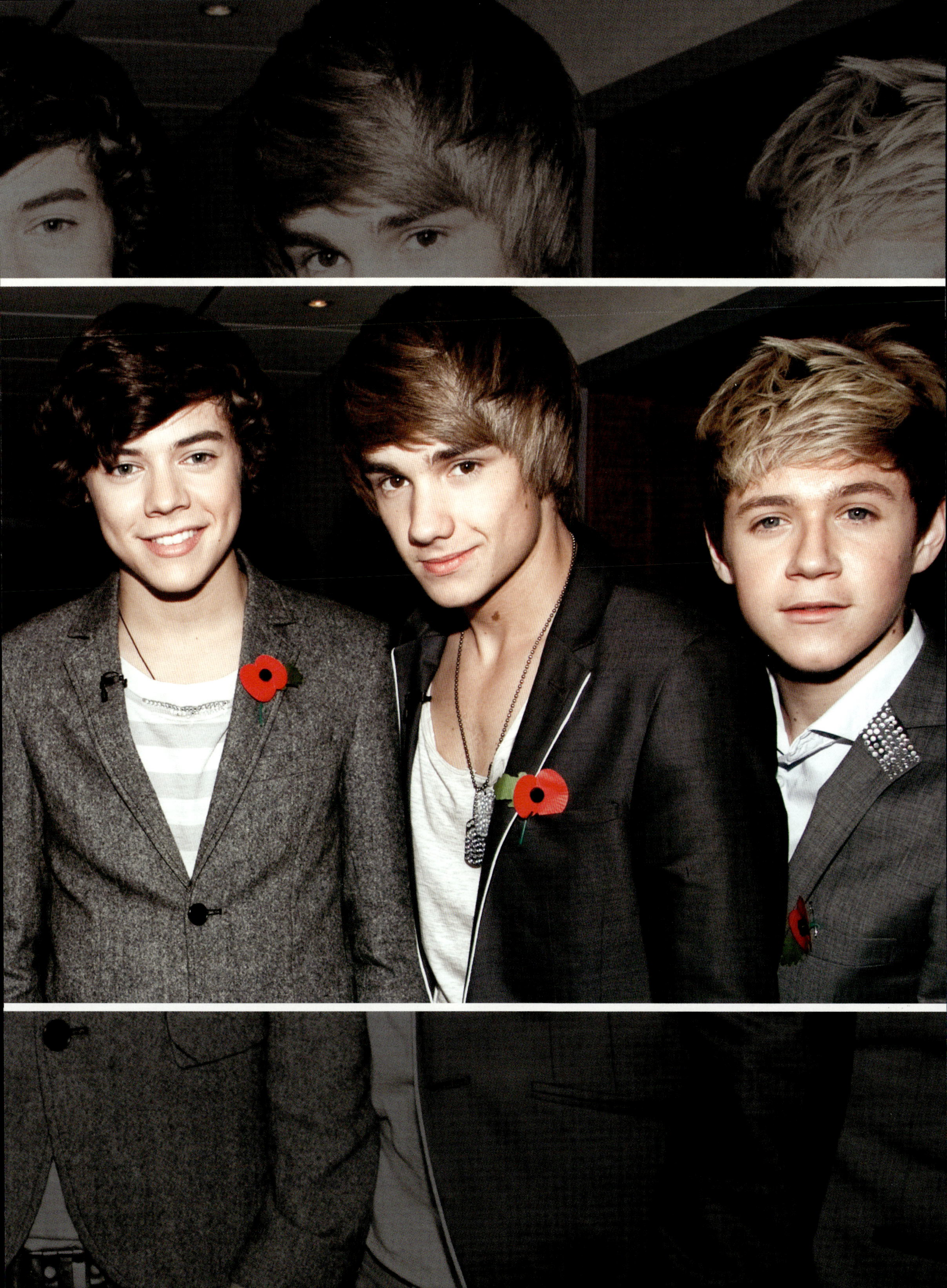

ARQUIVO DE ESTILO

Os garotos revelam tudo sobre seu estilo!

Zayn: *"Tá, sou vaidoso. Não demoro muito para me arrumar, mas quando estou pronto, fico toda hora olhando para ver se está tudo certo."*

Quem demora mais para se arrumar?

Harry: "O Zayn demora mais!"
Zayn: "Não demoro!"
Harry: "Com a sua maquiagem?"
Zayn: "Tá bom, confesso que provavelmente sou o que mais gosta disso, mas não sou o que demora mais!"

Quais são suas dicas para ficar bonito?

Niall: "Usar pulseiras pode dar um toque em qualquer visual. Assim como um relógio. Eles ajudam muito!"
Zayn: "Nunca se esforce demais. Aja como se não tivesse feito muito esforço para ficar daquele jeito, apesar de ter feito!"
Louis: "Não tem como errar com sapatos e calças com a barra enrolada."
Liam: "Na verdade, acho que não tem como errar usando uma camiseta branca."
Harry: "Deixe seu cabelo crescer, coloque coisas nele e faça do seu jeito. Desde que você se sinta bem, vai ficar bonito."

Vocês têm algum desastre *fashion* para contar pra gente?

Niall: "Eu usava agasalhos esportivos e brinco. Não tinha a menor noção de estilo. Acho que melhorei um pouco. Mas ainda sou meio desarrumado."
Liam: "Minha chapinha é cor-de-rosa! Tenho que usar isso senão meu cabelo fica fora de controle. Também faço luzes. Sento no salão com meu cabelo cheio de papel alumínio na frente daqueles enormes secadores de vó e espero que ninguém me reconheça!"
Niall: "Antes, meu cabelo era castanho com luzes, mas depois descolori que nem o Eminem. Não vou mentir, meu couro cabeludo ardeu. Não sei como as mulheres aguentam."

Você sabia: Na turnê do X Factor, os malandros resolveram tirar um sarro com seu estilo. Harry, Liam e Zayn pintaram barbas e bigodes de brincadeira e Louis se vestiu de cenoura gigante.

Liam: "Adoraria raspar minha cabeça um dia. Cuidar do cabelo dá tanto trabalho: lavar, secar, alisar e passar cera..."

FOTOS DA INFÂNCIA!

Eles não são fofos? Você consegue adivinhar quem é quem?

QUEM É?

2.

1.

3.

4.

5.

Respostas:
1 = Niall
2 = Harry
3 = Louis
4 = Zayn
5 = Liam

37

QUEM DISSE?

Você consegue adivinhar qual dos garotos do 1D disse cada uma das frases a seguir?

1. "Você não poder aparecer no palco com manchas roxas."
2. "Eu sou sério 24 horas por dia, 7 dias por semana. Quer dizer, 23 horas e meia."
3. "O Justin Bieber copiou o meu corte de cabelo."
4. "A Susan Boyle e o Harry usam exatamente o mesmo corte de cabelo."
5. "Achava que todo mundo devia se parecer com o Louis porque naquela época achava que ele era muito descolado! Como me enganei!"
6. "Eu não ia ao teste do X Factor mas minha mãe praticamente me puxou pela orelha e disse que eu tinha de fazer aquilo!"
7. "Eu danço muito mal."
8. "Esperamos fazer algumas festas."
9. "A Emma Watson foi o meu primeiro amor."
10. "Fui comparado ao Justin Bieber algumas vezes e gosto da comparação!"

Respostas

1. Liam
2. Liam
3. Liam
4. Louis
5. Niall
6. Zayn
7. Zayn
8. Harry
9. Louis
10. Niall

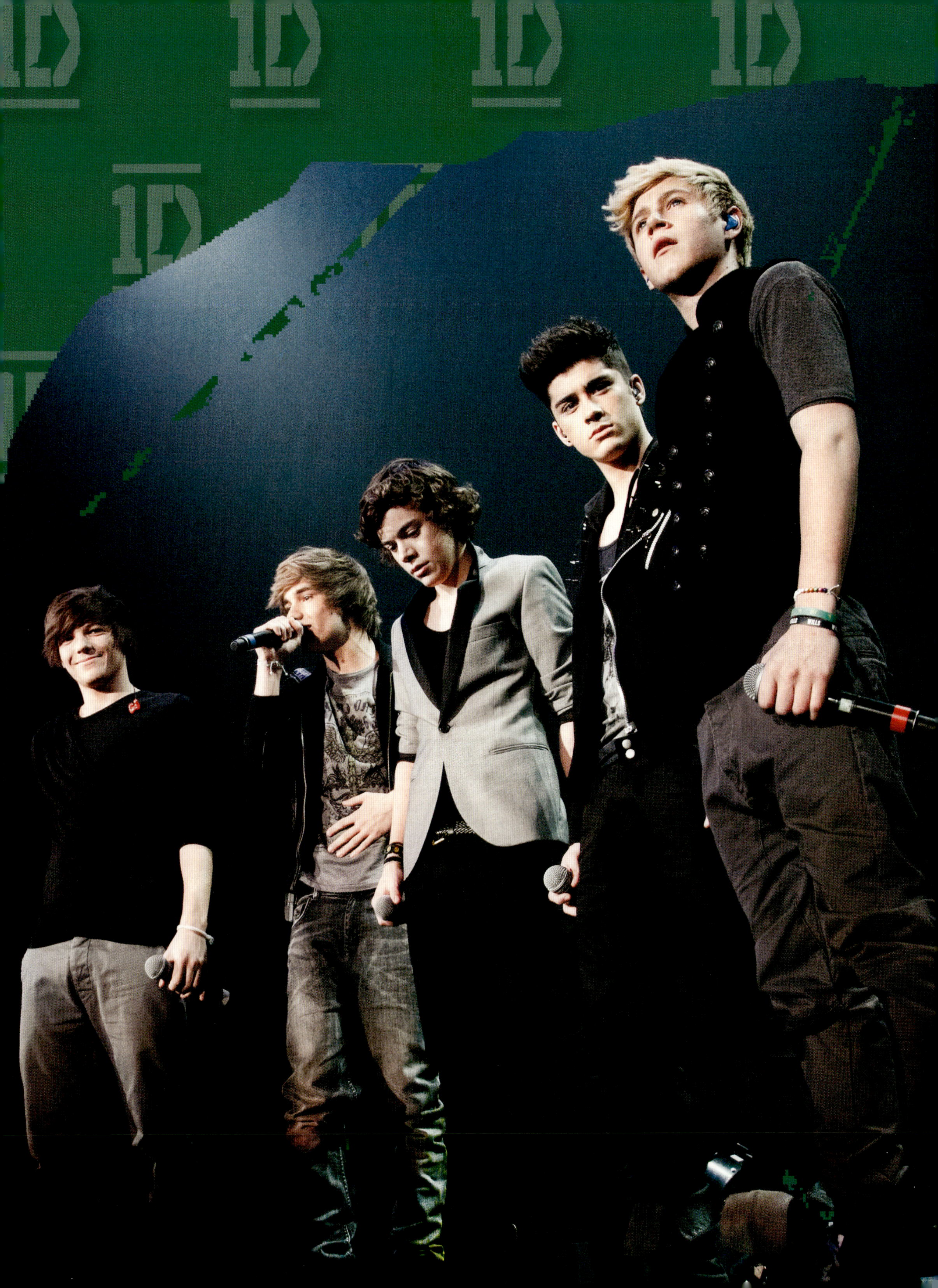

PASSANDO UM TEMPO COM O 1D

Os garotos conversam com a gente sobre a turnê do X Factor, seu novo álbum e sobre eles mesmos!

Qual foi a melhor e a pior parte de estar na estrada?

Zayn: "A melhor parte foram as apresentações. As piores aconteciam de manhã cedo. Tínhamos de levantar lá pelas oito quase todos os dias. Adorava cantar 'Grenade' todas as noites. Sem dúvida, essa era a minha música favorita."

Niall: "A melhor parte era tocar para milhares de pessoas todas as noites e fazer parte de um show tão incrível. A pior coisa era ficar sentado esperando entre os shows. Fico entediado com facilidade e fico um pouco inquieto, então gosto de ter sempre alguma coisa pra fazer."

Louis: "Foi bom nos apresentarmos para tantas pessoas todas as noites. Mesmo se você acordasse de mau humor, estar no palco fazia você se sentir melhor. Também foi ótimo conviver com todo mundo do X Factor. Também ganhamos muita confiança com a turnê. A única coisa ruim foi não poder ver meus pais e meus amigos, e ficar longe de casa."

Harry: "A melhor parte foi estar no palco, e aprontar enquanto não estava. A pior parte foi receber ordens o tempo todo porque estávamos sempre ocupados."

Liam: "As melhores coisas foram estar no palco e todas as apresentações, e o pior foi que não tínhamos muitos dias de folga porque estávamos trabalhando praticamente sem parar. Teria sido bom sair e ver um pouco mais dos lugares pelos quais passamos."

Vocês têm alguma história engraçada para contar sobre a turnê?

Zayn: "A gente corria pela multidão e o Louis dava coisas aleatórias para as fãs, como barrinhas de cereal. Uma noite ele deu 50 centavos do nada para uma delas."

Niall: "Tivemos algumas brigas nos camarins e também houve uma vez em que o Wagner estava dormindo no fundo do ônibus, o Harry colocou um monte de bichinhos de pelúcia em volta dele e tirou fotos."

Louis: "Adorei quando subi no palco vestido de cenoura e arrecadei 700 libras para o Help for Heroes. A gente também fazia essa brincadeira de dizer algumas palavras aleatórias durante o show... a melhor foi winklepicker."

Liam: "Adorava quando ficávamos gritando palavras aleatórias durante o show. Uma vez gritei 'Del Boy' e 'Rodney' durante 'Kids in America'."

"Adoraria trabalhar com a Jessie J, acho ela incrível."

Qual foi a melhor parte de gravar um disco?

Zayn: "Adoro estar no estúdio e curtir com os caras. É o momento em que fico mais feliz."

Niall: "Poder trabalhar em estúdios incríveis e com produtores e compositores com os quais nem poderíamos sonhar antes."

Louis: "Foi legal viajar e gravar em vários países, e foi divertido gravar nosso clipe."

Harry: "Ir a todos esses lugares diferentes para gravar e conhecer todas aquelas pessoas, e ainda saber que estávamos gravando nosso primeiro disco. Foi incrível."

Liam: "Poder ver todas as coisas impressionantes que acontecem nos bastidores. E você também ouve muita música boa quando está nos estúdios."

Vocês gostariam de fazer o *cover* de alguma música em especial?

Zayn: "Eu adoraria cantar uma música do Bruno Mars, porque sou um grande fã."

Niall: "Adoraria fazer um *cover* de verdade de 'Grenade'. Fizemos uma versão acústica durante a turnê, mas adoraria fazer uma de verdade."

Louis: "Gostaria muito que a gente se apresentasse em um programa de rádio fazendo alguma coisa que ninguém estivesse esperando, tipo o 'Bonkers' do Dizzee Rascal. Gostaria de fazer alguma coisa completamente diferente com uma música original."

Harry: "Gostaria de fazer uma versão de 'Mr. Brightside' do The Killers porque ela pode ser tocada de tantas formas diferentes. Queria ver como seria a nossa versão."

Liam: "'Hokey Cokey'. É uma das favoritas do grupo."

Há algum artista em especial com quem vocês gostariam de trabalhar no futuro próximo?

Zayn: "Bruno Mars e Justin Timberlake, e também gosto muito do Chris Brown. Na verdade, qualquer um dos grandes."

Niall: "O Bruno Mars seria legal, e também o Taio Cruz. Também seria incrível trabalhar com o Michael Bublé, apesar de ele fazer um tipo de música diferente da nossa."

Louis: "Meu maior ídolo é o Robbie Williams, então já posso dizer que me apresentei com ele, mas seria maravilhoso gravar com ele."

Harry: "Adoraria trabalhar com a Jessie J, acho ela incrível."

Liam: "Taio Cruz. Ele faz música muito bem 100% do tempo."

Que conselho vocês dariam para alguém que quer fazer um teste para o X Factor?

Zayn: "Pense no que está fazendo antes de fazer o teste e em todas as possibilidades que podem acontecer. Não achava que iria ser escolhido e minha vida virou de cabeça para baixo. Leve em consideração que você pode ser escolhido porque a sua vida muda. Leve isso a sério."

Niall: "Mantenha a cabeça baixa e seja legal com todo mundo porque as pessoas que trabalham nos primeiros estágios acabam trabalhando com você no final da competição. Não seja confiante demais na hora do teste, escolha bem as músicas e não seja igual a todo mundo."

Louis: "Seja você mesmo e não tente ser uma pessoa que você não é. Mostre quem você é, seja confiante e se destaque na multidão ao escolher bem sua canção."

Harry: "Vá nessa. Seja você mesmo e divirta-se, porque é inacreditável."

Liam: "Vá com tudo e esteja preparado para trabalhar muito."

Vocês ainda ficam nervosos antes de um show?

Zayn: "Sim, você não pode fugir do nervosismo. Ele sempre vai estar lá. Antes do X Factor, eu ficava tão nervoso que ficava enjoado e não conseguia comer, mas agora já estou melhor. Um pouco antes de entrar no palco meu estômago fica embrulhado, mas depois que estou lá não penso muito nisso. Eu curto tanto que simplesmente vou em frente."

Niall: "Sim, o tempo todo, principalmente na turnê do X Factor. Sempre achava que ia cair do elevador, mas deu tudo certo."

Louis: "Sim, claro. Mantenho-me calmo ficando um pouco sozinho e repassando na cabeça o que temos de fazer. Então, um pouco antes de subir no palco, fico mais empolgado do que nervoso."

Harry: "Eu fico, mas respiro fundo, tomo um pouco de água e converso com as pessoas ao meu redor para me distrair."

Liam: "Eu fico um pouco, mas não tanto quanto antes. Tantas apresentações tornam as coisas mais fáceis, e é tão divertido que fico mais empolgado do que assustado."

Vocês conheceram muitas celebridades do mundo da música e do cinema. Quais são os seus favoritos?

Zayn: "Tanta gente. Conhecer o Robbie Williams foi incrível."

Niall: "O Michael Bublé, claro. Também conhecemos o Alan Sugar, que era exatamente do mesmo jeito que na tevê e disse que sua família é fã da gente."

Louis: "O Robbie Williams ou a Cheryl Cole. O Robbie foi supersimpático e a Cheryl é uma menina incrível e linda."

Harry: "Provavelmente o Simon Cowell. Ele é só um cara. É uma lenda e é muito mais divertido do que o que as pessoas veem na tevê. A gente se deu superbem como ele."

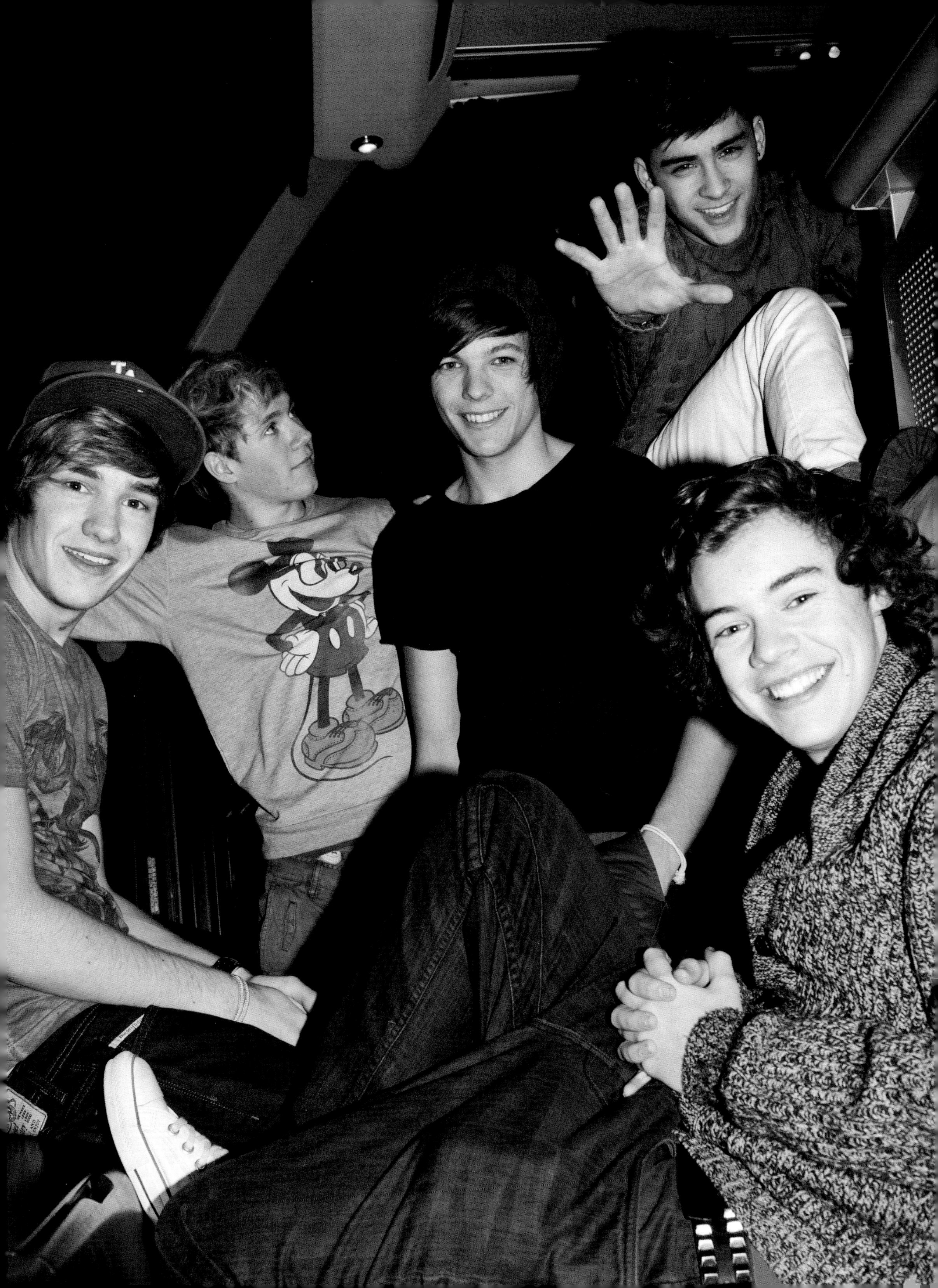

Liam: "Michael McIntyre. Ele é um cara muito bacana e exatamente como vemos na tevê. Achava que ele fazia um pouco de tipo, mas não faz nenhum pouco. Eu tinha o telefone dele, mas meu celular teve um problema e eu perdi tudo, fiquei chateado. Também conhecemos o Russell Brand no X Factor e ele é hilário. É um dos meus comediantes favoritos."

Vocês têm alguma fobia?

Zayn: "Não sei nadar, então tenho medo de água. Não chego perto do fundo da piscina porque fico enjoado. Mesmo quando eu olho pro mar, já me sinto esquisito."

Niall: "Às vezes sinto um pouco de claustrofobia. Quando voltamos de Los Angeles e havia aquele monte de meninas no aeroporto, não gostei porque me senti encurralado."

Louis: "Sim. Desde pequeno sempre tive essa paranoia com cheiro de suor, então fico me cheirando o tempo todo. Nunca tenho um cheiro ruim, sempre cheiro bem, mas me preocupo com isso."

Harry: "Tinha medo de montanhas-russas, mas o Louis me levou para o píer de Brigthon, então acho que enfrentei meu medo. Aquilo realmente me ajudou a superar."

Liam: "Sim, colheres. Preciso comprar colheres novas ou não consigo usá-las. Mesmo quando era pequeno, não usava colheres porque não gostava delas."

Conte pra gente sobre o resto da banda.

Zayn: "O Louis é muito engraçado e o Niall solta muitos gases, o que pode ser bem irritante quando você está fazendo uma viagem de carro de três horas. Se tivesse de apontar os meus próprios defeitos, diria que sou um pouco mal-humorado, então é preciso saber a hora certa de fazer uma piada comigo. O Harry é o Harry, o Liam é o Liam. Na verdade, nenhum deles me irrita."

Niall: "Gosto do fato do Louis fazer parte da banda, de o Liam ter se tornado o cara engraçado do grupo, do Harry jogar golfe e que podemos jogar juntos, e de que o Zayn seja brincalhão. A única coisa pela qual realmente discutimos é sobre onde comer. Nós realmente nos damos bem. Somos muito grudados."

Louis: "Gosto da maneira como o Niall é muito tranquilo e divertido, ele ficou muito mais relaxado e pode ser muito engraçado, mas ele também sabe ser sério, o que é bom. Zayn é muito parecido comigo. Ele gosta de correr riscos, então se quero aprontar alguma, peço para ele me ajudar. Harry e eu temos muito em comum. Ele é tranquilo, é fácil conversar com ele e é um bom cara para se ter por perto. E ele é cabeção."

Harry: "Gosto do fato de sermos diferentes mas nos darmos tão bem. Não me incomodo com nada em especial, pra ser sincero. Sei que parece meio chato, mas é verdade. Adoro saber que todos nós somos bons no que fazemos individualmente e que cada um tem o seu papel."

Liam: "Adoro que o Harry seja atrevido o tempo todo, o Louis é sempre engraçado, adoro que o Niall seja divertido e gosto de tentar imitar o seu sotaque. O Zayn também é divertido, mas ele não sabe perder, então não gosto de perder dele. Acho que sou o mais competitivo dos cinco. Acho que tem a ver com o fato de que eu corria quando era criança. Sempre gostei de vencer."

"Não gostaria de ser mais ninguém. Estou feliz com quem sou."

Qual outro membro da banda você gostaria de ser?

Zayn: "O Liam, porque ele é o mais parecido comigo e estou muito feliz com quem sou. Ele é bastante sensível, tem uma boa visão da vida e parece sempre ver as coisas de maneira racional."

Niall: "Não gostaria de ser mais ninguém. Estou feliz com quem sou."

Louis: "Gostaria ser uma mistura entre o Harry e o Zayn. O Zayn porque ele sempre está bem-vestido, e o Harry porque ele é atrevido e um bom amigo."

Harry: "Acho que o Louis, porque ele está sempre se divertindo e tem uma visão boa da vida."

Liam: "Gostaria de ser o Niall por um dia por ele ser tão despreocupado e divertido. Também gostaria de saber o que passa na cabeça dele e adoraria poder imitar seu sotaque direitinho."

Contem-nos uma coisa interessante que não sabemos sobre cada um de vocês.

Zayn: "Harry tem quatro mamilos, Liam tem uma chapinha cor de rosa, o Louis não gosta que ninguém use listras além dele, o Niall está me ensinando a tocar violão, e eu sei ler árabe."

Niall: "O Zayn furou a orelha umas sete vezes e gosta de molho de pimenta. De vez em quando o Liam não usa camiseta debaixo do moletom. O Harry gosta de ficar pelado, como todo mundo sabe, e o Louis só tem dois pares de meias. E eu? Eu sou irlandês! Isso é uma coisa interessante!"

Louis: "O Harry tem quatro mamilos, o Niall tem uma estranha obsessão por girafas, o Zayn tem medo de cadarço e não pode ter nenhum sapato de amarrar, e o Liam gosta de soltar pipa nas suas horas livres. Provavelmente os outros sabem algumas coisas interessantes sobre mim."

Harry: "O Liam alisa o cabelo todo dia, o Niall já foi escolhido como torcedor do ano do Derby County Football Club, o Louis gosta muito do próprio bumbum e o Zayn se ama. E claro que eu tenho quatro mamilos, que é a minha frase clássica para puxar assunto."

Liam: "Sou o mais alto da banda, com 1.80 m, o Harry tem paixão pela Abercrombe & Fitch, o Louis é o que tem mais roupas, o Zayn é o que fica acordado até mais tarde e o cabelo do Niall não é loiro natural."

Quais costumam ser suas promessas de Ano Novo?

Zayn: "Começar a frequentar a academia. Sempre digo que vou e nunca começo. Todo ano digo que vou engordar um pouco e malhar, mas nunca faço isso, então estou decidido para o próximo ano!"

Niall: "Ter o disco mais vendido e continuar a fazer turnês."

Louis: "Fazer as pessoas rirem."

Harry: "Comprar um carro clássico. Sempre quis ter um."

Liam: "Ter um macaco de estimação que nem o Ross do Friends. Todo mundo quer ter um, não? Outro dia, a gente decidiu quem era quem no Friends. Não lembro de todos, mas eu era o Ross."

Rapidinhas: Zayn

Quais instrumentos toca
Consigo tocar um pouco de violão.

Banda ou artista preferido
Diria Chris Brown.

Programa de tevê preferido
Quando eu era mais novo, era Uma Galera do Barulho.

Filme favorito
Scarface.

Prato predileto
Samosas ou espaguete à bolonhesa. É a única coisa que sei preparar.

Rapidinhas: Liam

Quais instrumentos toca
Um pouco de violão e de piano, mas provavelmente sou melhor no piano.

Banda ou artista preferido
'NSync, porque eles eram muito bacanas no tempo deles. E o artista é o Taio Cruz.

Programa de tevê preferido
Friends, mesmo depois de tanto tempo.

Filme favorito
Os filmes do Toy Story, e Arthur, o novo com o Russell Brand. Achei engraçadíssimo.

Prato predileto
Palitinhos de mozarela são a melhor coisa do mundo. E adoro cheeseburguer.

Rapidinhas: Harry

Quais instrumentos toca
Nenhum. Tentei aprender a tocar violão mas desisti depois de uma semana.

Banda ou artista preferido
Os Beatles e o John Mayer.

Programa de tevê preferido
Family Guy.

Filme favorito
Digo para as pessoas que é Clube da Luta, mas na verdade é Titanic e Simplesmente Amor.

Prato predileto
Taco, e adoro o T.G.I. Friday's.

Rapidinhas: Niall

Quais instrumentos toca
Toco violão desde os 12 anos.

Banda ou artista preferido
Michael Bublé e The Script.

Programa de tevê preferido
Two and a Half Men.

Filme favorito
Nos Tempos da Brilhantina e O Paizão

Prato predileto
Qualquer coisa do restaurante Nando's.

Rapidinhas: Louis

Quais instrumentos toca
Um pouco de piano. Estudei sozinho há uns dois anos.

Banda ou artista preferido
The Fray e James Morrison.

Programa de tevê preferido
Skins, mas a série antiga.

Filme favorito
Nos Tempos da Brilhantina. Já vi um milhão de vezes.

Prato predileto
Adoro calzone, qualquer massa, e a sobremesa com massa de cookie da Pizza Hut.

QUEM É O SEU FAVORITO?

Faça o teste e descubra qual garoto do 1D combina com você...

1. **O que seu professor diria sobre você?**
A. Você é muito esforçada.
B. Você precisa falar um pouco mais em sala de aula.
C. A escola é mais do que organizar a sua vida social.
D. Menos fofoca e mais concentração, por favor.
E. Você sempre aparece arrumadinha.

2. **Qual a primeira coisa que faz quando chega na casa da sua amiga?**
A. Ouve os problemas mais recentes dela.
B. Vai para a cozinha comer alguma coisa.
C. Começa a falar do carinha de quem você está a fim.
D. Retoca o *gloss*.
E. Faz o que a sua amiga estiver a fim.

3. **De que tipo de menino você gosta?**
A. Tranquilo e que se dá bem com todo mundo.
B. Um cara sério e bonzinho.
C. Um cara atrevido com um bom toque de charme.
D. Divertido e com bom humor.
E. Alguém que faça você rir muito.

4. **O que você usaria no primeiro encontro?**
A. Um vestido confortável.
B. Seus jeans favorito.
C. Shorts fofos.
D. Uma camiseta listrada.
E. Um modelito de parar o trânsito.

5. **Se você ganhasse mil reais, você:**
A. Depositaria na poupança.
B. Daria um presente especial para a sua família.
C. Compraria um presente enorme para a sua melhor amiga.
D. Levaria seus amigos para uma viagem inesquecível.
E. Gastaria tudo em compras.

Mais respostas A? Você poderia namorar o....

Niall
Seu namorado perfeito é um cara relaxado e um verdadeiro gentleman... assim como o Niall. Você é muito fofa e todo mundo pode contar com sua amizade. Você sempre coloca os sentimentos das outras pessoas em primeiro lugar e é uma das garotas mais legais do pedaço!

Mais respostas B? Você poderia namorar o....

Liam
Discreto e bonzinho, Liam é o cara para você. Assim como ele, você é uma romântica inveterada e tem a cabeça no lugar. Também é um pouco tímida e definitivamente gosta de caras que dão o primeiro passo.

Mais respostas C? Você poderia namorar o....

Harry
Você é atrevida e é o par perfeito para o Harry. Com seu charme natural, consegue atrair muitas pessoas. Cheia de energia, você tem tudo para fazer sucesso.

Mais respostas D? Você poderia namorar o....

Louis
Parece que o Louis encontrou seu par! Você tem um talento especial para transformar o dia mais chato em um acontecimento divertido. Todo mundo cai na gargalhada com as suas pegadinhas e caretas.

Mais respostas E? Você poderia namorar o....

Zayn
Uma garota chique como você deveria sair com um cara sofisticado como o Zayn. Ser bonita por fora faz você se sentir confiante por dentro. Você é uma garota glamourosa que tem seus próprios hobbies e certamente não é uma maria vai com as outras.

49

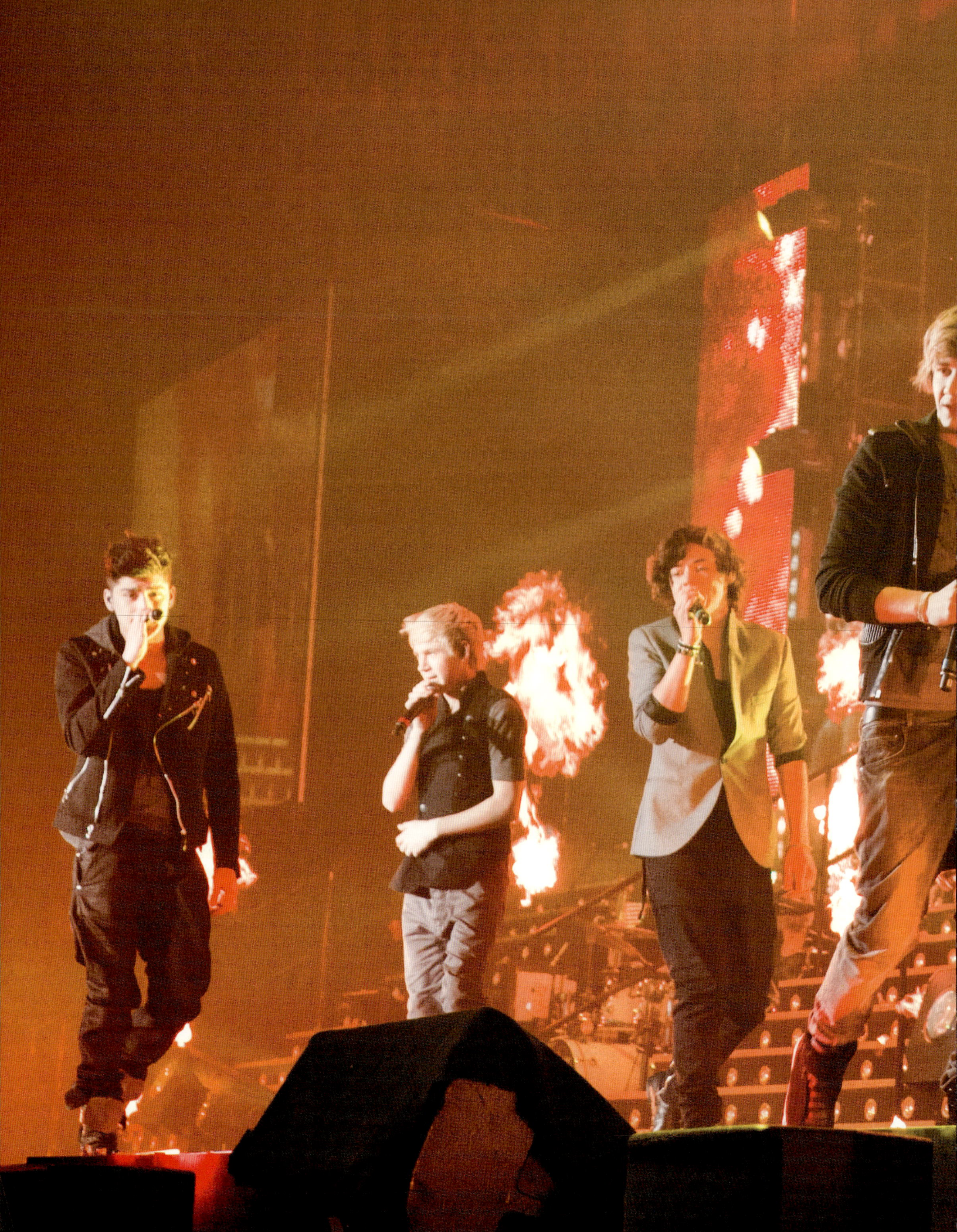

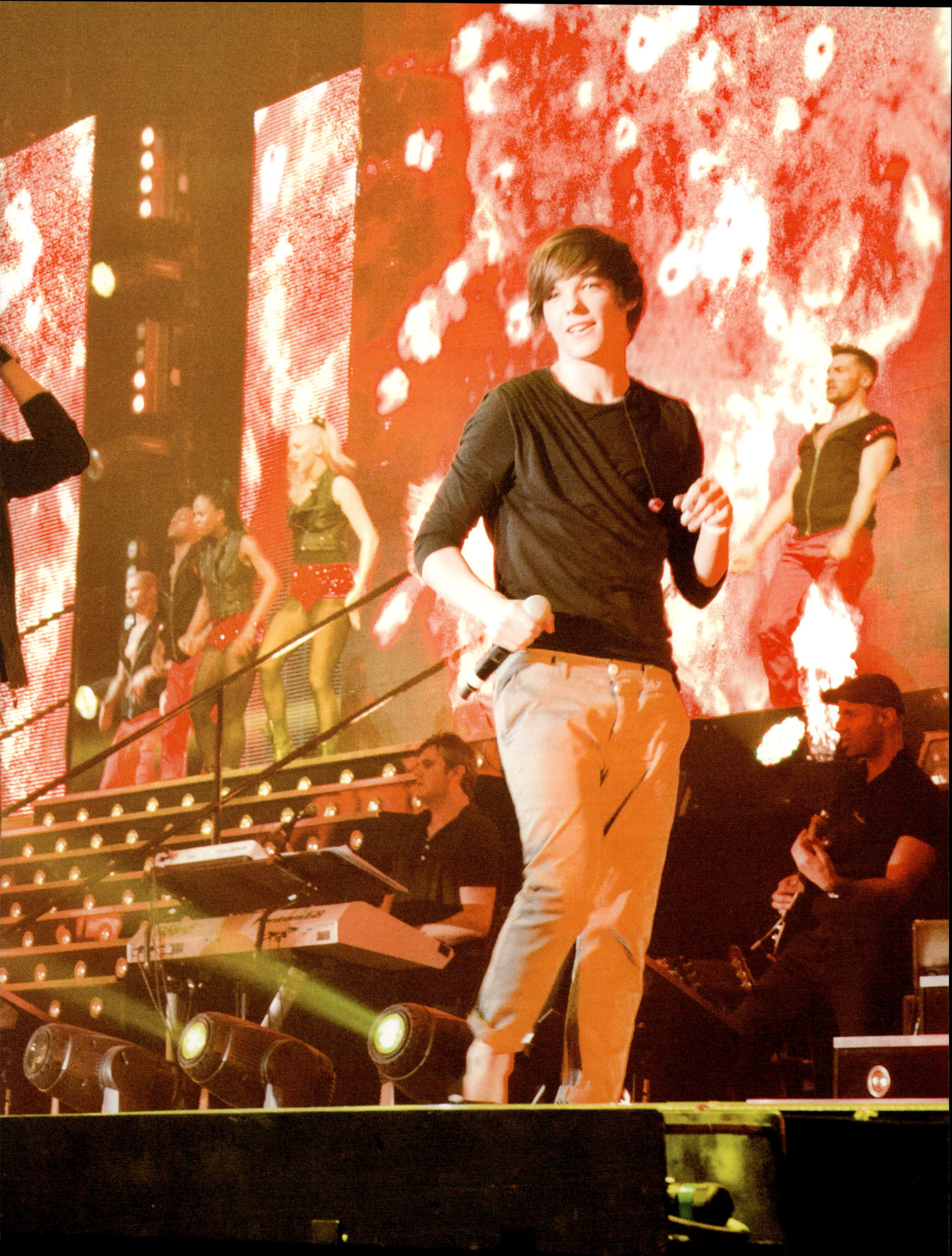

NAMORANDO UM 1D

Que tipo de namorados seriam os caras do 1D? GRITE!

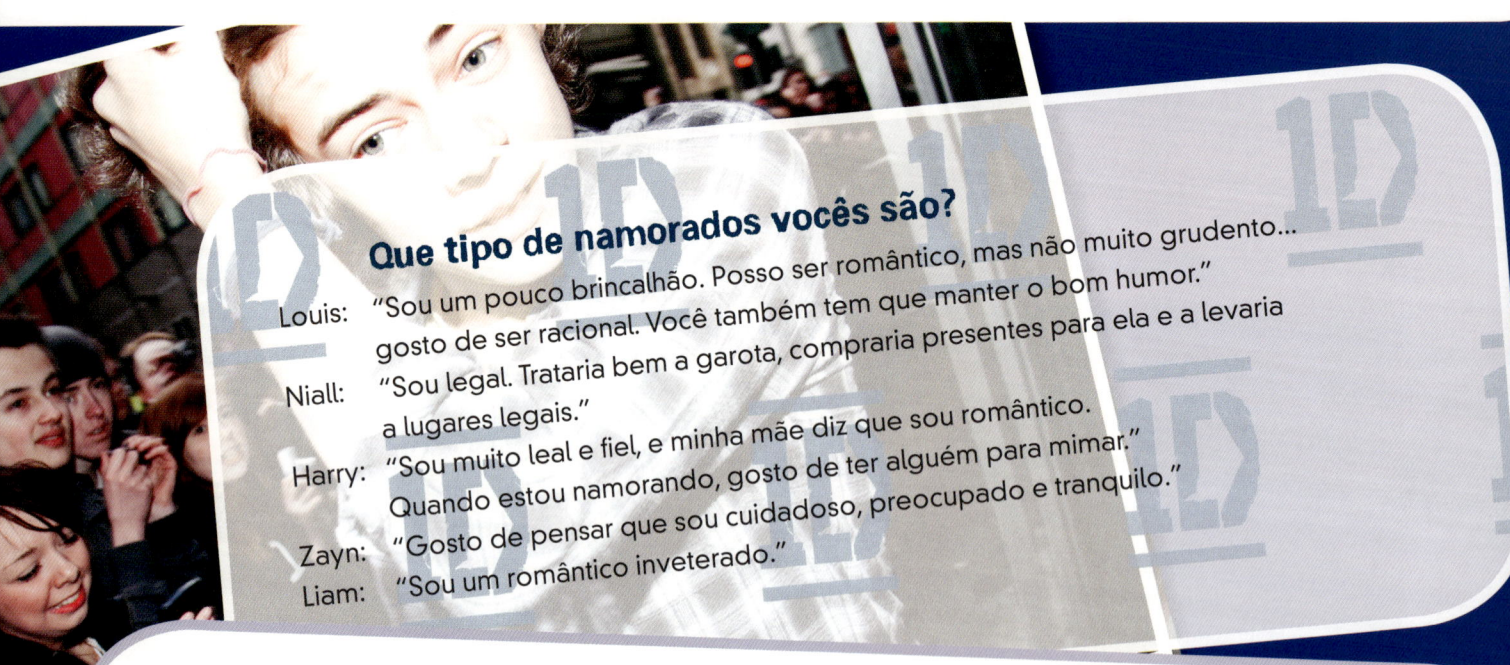

Que tipo de namorados vocês são?

Louis: "Sou um pouco brincalhão. Posso ser romântico, mas não muito grudento... gosto de ser racional. Você também tem que manter o bom humor."

Niall: "Sou legal. Trataria bem a garota, compraria presentes para ela e a levaria a lugares legais."

Harry: "Sou muito leal e fiel, e minha mãe diz que sou romântico. Quando estou namorando, gosto de ter alguém para mimar."

Zayn: "Gosto de pensar que sou cuidadoso, preocupado e tranquilo."

Liam: "Sou um romântico inveterado."

Aonde você iria num encontro?

Louis: "Não tentaria ser chamativo, faria alguma coisa normal como ir ao cinema e depois a um restaurante italiano legal. Não iria num lugar muito metido, mas onde pudéssemos relaxar e comer bem."

Niall: "Iríamos ao Nando's porque é ótimo. Faria alguma coisa bem divertida. Não acho que seja super-romântico, mas a gente teria momentos legais."

Harry: "Eu a levaria a um restaurante onde pudéssemos relaxar. Outro dia jantamos em um restaurante legal e foi incrível, então gostaria de levar alguém lá."

Zayn: "Provavelmente a levaria para comer alguma coisa bem gostosa e colocaria uma rosa na mesa. Escolheria o vinho e a comida, e criaria um ambiente muito romântico."

Liam: "Provavelmente iria ao cinema porque não gosto de ficar jogando conversa fora. Não sou o sr. Bonzinho. Pra ser sincero, acho que eu procuraria uma garota com cabelo cacheado e simplesmente perguntaria se ela quer sair comigo."

Vocês preferem pagar ou dividir a conta?

Louis: "Ah, não, eu pago tudo."

Niall: "Com certeza, eu pago por tudo."

Harry: "Eu pagaria."

Zayn: "Sou um pouco antiquado com esse tipo de coisa e certamente eu pagaria tudo. Gosto de abrir a porta para as garotas, essas coisas. Gosto de sentir que estou sendo protetor."

Liam: "Eu pagaria tudo."

Como é a namorada ideal?

Louis: "Alguém que seja leal e que tenha senso de humor, e que tenha um bom coração também. Ah, e seria legal se ela fosse arrumadinha, porque eu não sou!"

Niall: "Gosto de alguém que leve as coisas na esportiva."

Harry: "Senso de humor e alguém que seja leal e fofa. Gosto de meninas fofas."

Zayn: "Acho que garotas que parecem despreocupadas são atraentes. Gosto de meninas que sabem o que querem e me façam ir atrás delas."

Liam: "Alguém que seja atrevida, mas tranquila. Talvez um pouco tímida. Não gosto de garotas barulhentas. Gosto de meninas alegres e sorridentes."

Vocês preferem algum tipo de menina?

Louis: "Acho que não, não, mas gosto de alguém que goste de dar risada."

Niall: "Não faz diferença... pode ser loira, desde que não seja burra, se é que vocês me entendem."

Harry: "Não tenho preferência por cor de cabelo, mas gosto de meninas fofas."

Zayn: "Gosto das morenas de pele bronzeada e olhos brilhantes e coloridos. Os olhos são muito importantes pra mim."

Liam: "Gosto de meninas mignon com cabelos castanhos."

Finalmente, por qual celebridade vocês têm uma quedinha?

Louis: "Gostaria de sair com alguém como a Diana Vickers. Encontrei-a algumas vezes e ela parece descolada e divertida."

Niall: "Cheryl Cole. Ela é muito bacana e divertida, ela é como uma garota comum."

Harry: "Frankie Sandford, já a conheci e ela é uma menina muito querida."

Zayn: "Ainda não conheci ninguém, mas quem sabe? Tenho certeza de que vai acontecer um dia."

Liam: "Leona Lewis ou a garota de cabelos cacheados que participava dos comerciais da M&S (Noemie Lenoir). Com certeza eu tenho um tipo predileto."

VIVA COMO OS GAROTOS DO 1D!

Quer saber mais sobre os meninos? Então, passe um dia vivendo como eles!

1. **Ouça Beatles** – a banda favorita do Harry.
   Coloque algumas músicas no seu tocador de MP3 e leve um pouquinho do Harry para onde você for.

2. **Arrume seu quarto... ao estilo do Zayn. Esconda as sandálias Birkenstock e as blusas com cara de vó... o Niall não as suporta.**

3. **Faça algumas máscaras do One Direction para demonstrar o seu amor pelo 1D.**

4. **Assista a todos os filmes do Toy Story. São os favoritos do Liam!**

5. **Cante 'She's The One' do Robbie Williams no caraoquê e lembre daquela final fatídica do X Factor.**

6. **Coma frango Piri Piri** – o prato favorito do Zayn no restaurante Nando's, onde ele comemorou seu aniversário de 18 anos junto com os meninos!

7. **Passe uma hora dando autógrafos para os amigos e familiares.**

8. **Enrole o cabelo como o Harry.**

9. **Coma muito milho cozido. Se o Harry pudesse passar o resto da vida comendo apenas uma coisa, seria isso!**

10. **Aprenda algumas piadas e faça as pessoas rirem como Louis.**

11. **Jogue Pokémon** – os meninos adoram esse jogo.

12. **Faça uma camiseta com os dizeres: Copiei o Cabelo do Liam.**

13. **Esculpa os rapazes do One Direction em cenouras. Liam conta que "recebemos uma caixa de cenouras um dia desses com nossas caras desenhadas nelas. Como sou o mais alto, eu era a maior e o Niall era a pequenininha... tiveram que cortar a cenoura ao meio!".**

14. **Leve seu irmão ao cabelereiro e peça para que façam o corte do Zayn.**

15. **Coloque uma gota da colônia da Hollister debaixo do nariz e sinta o cheiro do Louis o dia todo.**

16. **Cole uma tatuagem falsa em alguma parte do corpo, o Liam adora!**

ONE DIRECTION E VOCÊ

Se tem uma coisa pela qual os meninos agradecem são suas fãs.

Vocês têm fãs incríveis... qual a coisa mais legal que uma fã já fez para vocês?

Zayn: "Uma fã fez um desenho meu muito bom recentemente. Outra descobriu qual era a minha loção pós-barba favorita e me deu um vidro. É muito cara e foi muito gentil da parte dela. O Harry sempre fala no Twitter que gosta de Haribo e eu digo que gosto de Skittles, então ganhamos muitos doces."

Niall: "Elas ficam na rua até muito tarde só pra ver a gente de longe, e nos dão presentes muito legais. Elas sempre me dão meias e cuecas, então não preciso sair para fazer compras."

Louis: "Não saberia dizer uma coisa só. Mas acho incrível quando as pessoas atravessam o país para nos ver. O comprometimento delas é impressionante."

Harry: "Uma fã me emprestou sua carteirinha de estudante para eu ganhar desconto em um computador. Economizei umas 150 libras, então dei meu iPod para ela. Acho que ela ficou super feliz."

Liam: "Vi um desenho muito legal que fizeram de mim vestido com uma fantasia do Buzz Lightyear."

Quem recebe mais atenção das meninas?

Zayn: "Diria que o Harry ganha mais atenção das fãs mais novas, mas dividimos a atenção das mais velhas. O Harry tem uma pegada mais atrevida que as mais novas gostam."

Niall: "Todo mundo sabe a resposta para essa pergunta! O Harry! Mas a gente nunca discute sobre isso ou sobre qualquer outra coisa!"

Louis: "O Harry domina. Se eu fosse fã do One Direction, sem dúvida iria preferir o Harry. Ele tem essa personalidade atrevida, aquele cabelo cacheado e é um cara bonitão."

Harry: "Não sei. Acho que todos nós temos nossas fãs e que todas elas são maravilhosas."

Liam: "Diria que é o Harry, mas acho que se você gosta de uma pessoa na banda, também vai gostar de outra. Temos uma boa variedade no grupo."

Qual a melhor coisa ou a mais esquisita que já receberam de uma fã?

Zayn: "Ganhamos coisas estranhas de algumas fãs como tênis. E também ganhamos cenouras com os nossos rostos."

Niall: "A coisa mais esquisita que eu já ganhei foi uma caixa cheia de cogumelos com olhinhos e cabelos grudados neles para que ficassem parecidos conosco."

Louis: "Ganho cenouras em todos os lugares aonde vou porque disse em um vídeo que gosto de garotas que comem cenouras."

Harry: "Há pouco tempo alguém pintou um quadro enorme de nós cinco e ficou muito legal."

Liam: "As coisas mais esquisitas são as caixas de legumes. É culpa do Louis porque ele disse que gosta de cenoura."

O que vocês acham das suas fãs?

Louis: "Não estaríamos onde estamos agora se não fosse pelas fãs que votaram na gente. Recebemos cartas e desenhos incríveis. Elas se esforçam muito. Quando a gente chega em algum lugar, as pessoas estão comemorando e gritando o seu nome, qualquer um iria adorar isso."

Harry: "Achamos que somos os cinco caras mais sortudos do mundo e queremos agradecer muito a todas as nossas fãs."

Niall: "Foram elas que nos fizeram chegar até aqui, nunca vamos esquecer disso."

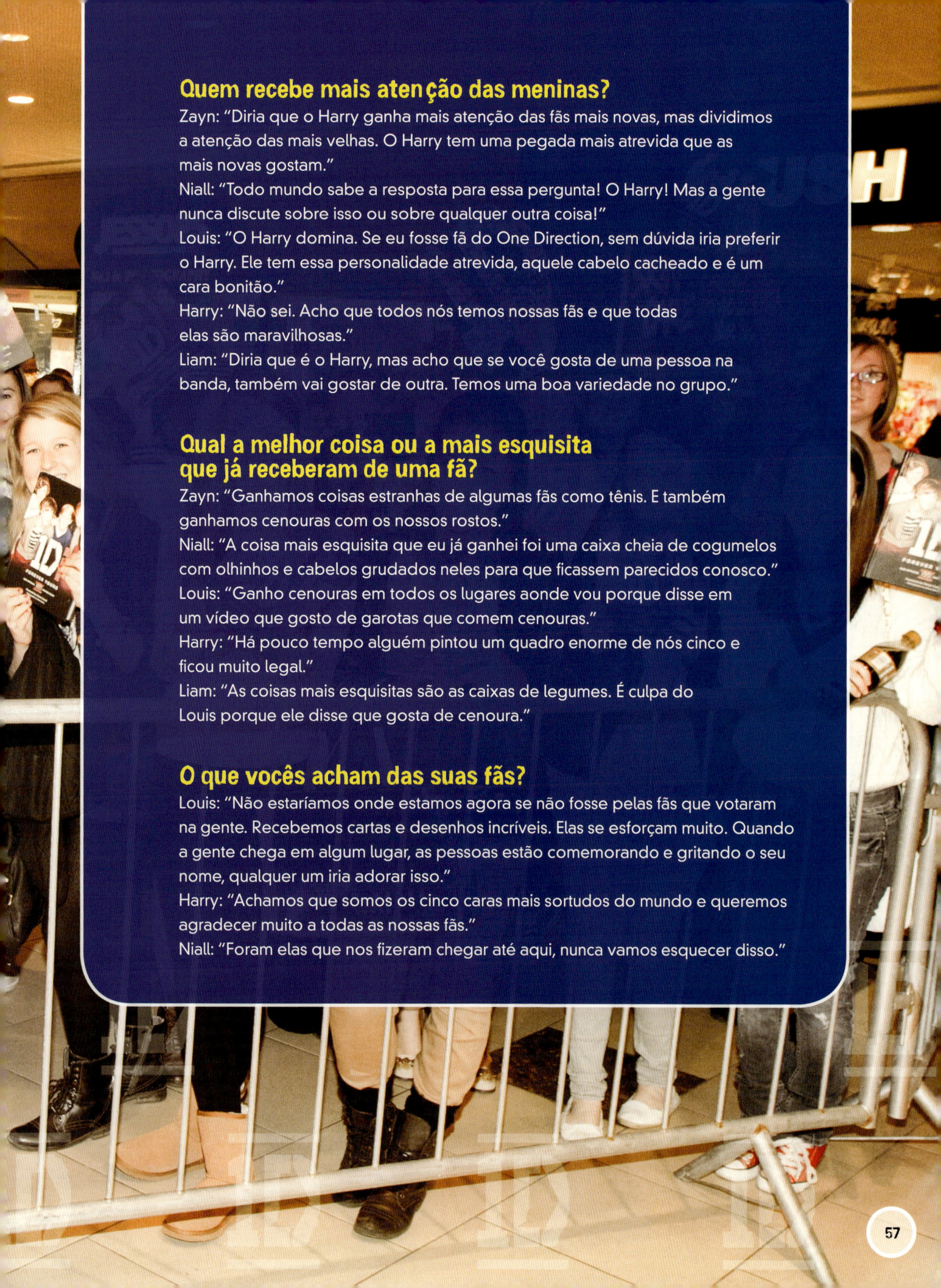

O FUTURO

Agora o futuro é tão promissor que os meninos devem estar se beliscando todos os dias para ter certeza de que não estão sonhando!

Nenhum deles imaginava que suas vidas mudariam tanto em tão pouco tempo. Com seu primeiro disco, Harry, Louis, Liam, Niall e Zayn estão prontos para levar as coisas para outro nível. Ele está destinado a ser um dos álbuns do ano e nos mostra como os meninos cresceram como artistas desde que os vimos a primeira vez na tevê.

O One Direction tem uma atitude muito saudável em relação ao estrelato. Apesar do sucesso arrebatador, os garotos conseguiram manter os seus egos sob controle e continuar levando as coisas com bom humor.

"A gente brinca tanto nessa banda que as coisas nunca ficam chatas", Louis conta dando risada. Harry concorda, "Assim que alguém começa a ficar um pouco metido, o resto da banda chama a atenção dele."

Eles já não conseguem ter uma vida "real" por causa de tudo o que tem de fazer, as viagens de avião que atravessam continentes e as milhares de entrevistas. Mas eles conseguem encarar tanto trabalho com muita elegância e manter o bom humor.

Conhecendo os meninos, eles estarão por aí por muito tempo. Eles sabem que o mundo da música é um negócio arriscado, mas têm talento mais que suficiente e a postura de trabalho certa para encará-lo.

Como diz o Liam, "Olhamos para outras bandas e para o sucesso que fazem. Queremos um pouco disso para nós e estamos dispostos a trabalhar duro para chegar lá."

As cartas estão lançadas e não há como parar o jogo agora. A agenda do One Direction foi toda planejada para o ano de 2012. Mas os meninos não mudariam nada. Eles estão determinados a deixar sua marca e sua influência para uma nova geração de bandas. Estão trilhando um caminho não apenas para eles mesmos, mas para todas as bandas que certamente virão depois deles.

O seu início fez com que ficassem marcados como lendas do X Factor. Sua ambição e determinação os levarão para onde decidirem ir. Acima de tudo, eles mostraram que é possível realizar sonhos e alcançar aquilo que seu coração deseja. Estão dando tudo de si para nós e não vão parar tão cedo!

"Olhamos para outras bandas e para o sucesso que fazem. Queremos um pouco disso para nós e estamos dispostos a trabalhar duro para chegar lá."

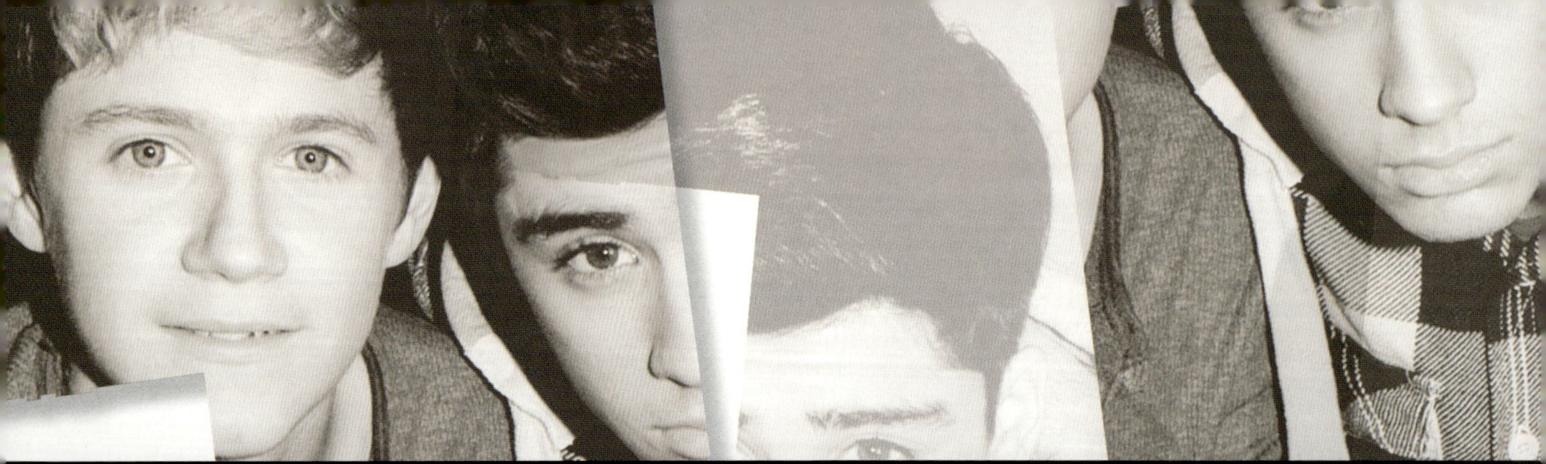

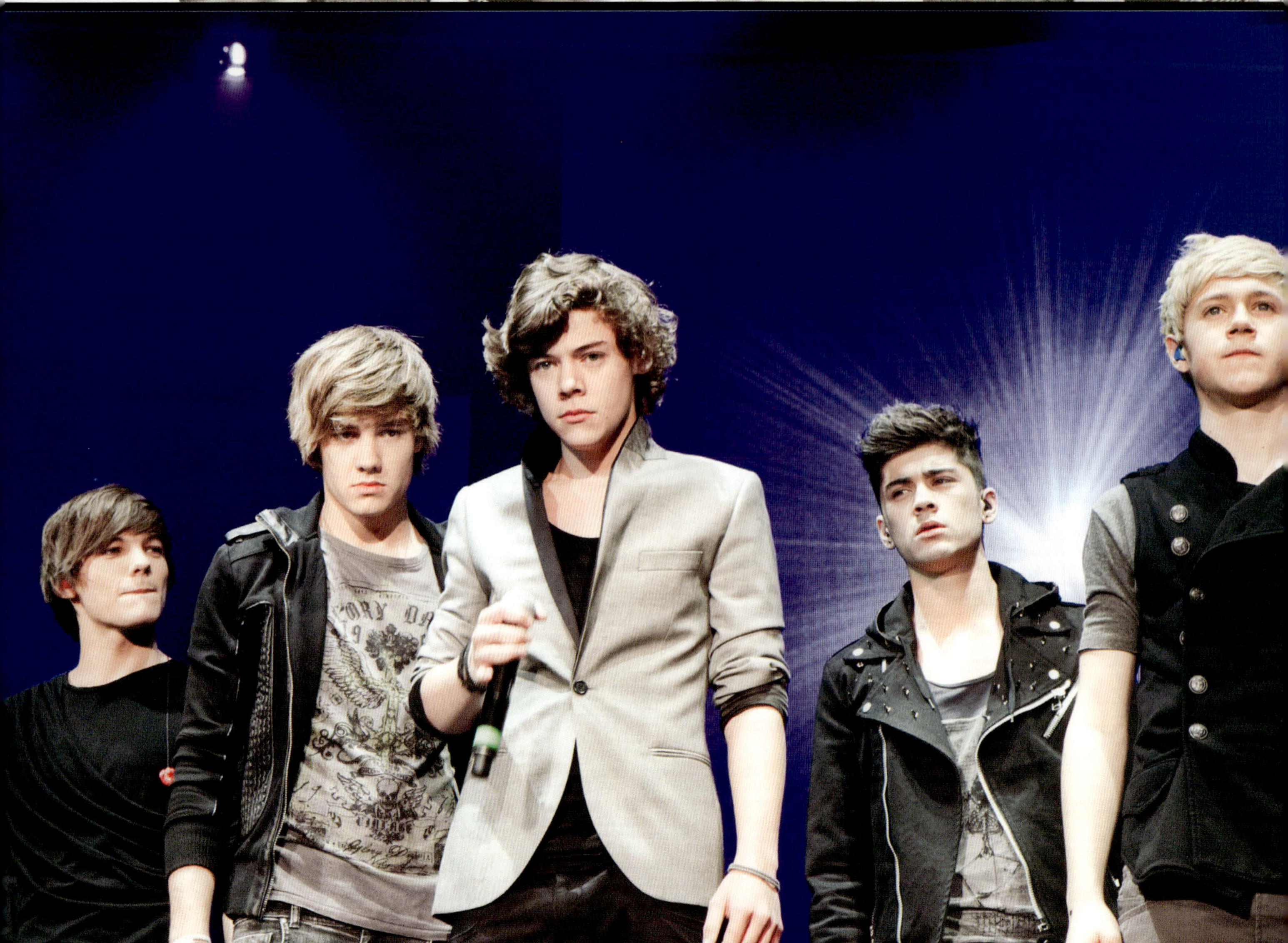

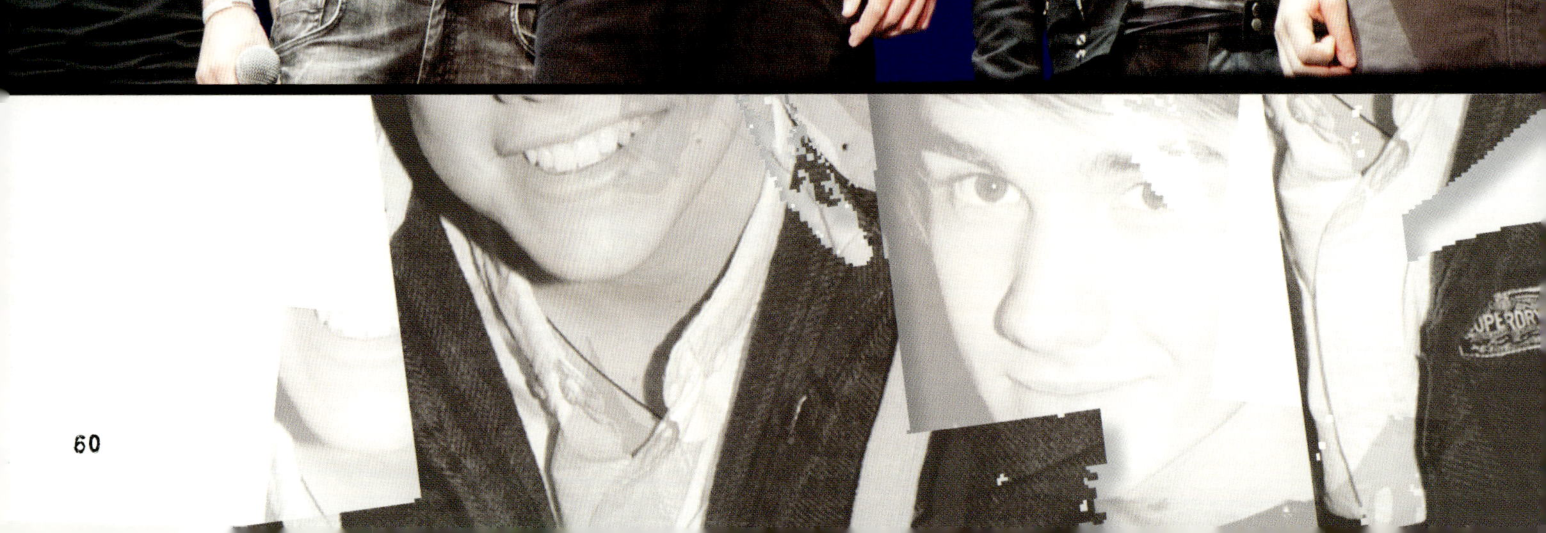

Próxima parada: o topo do mundo!

Mas a última palavra vai ser dada por Harry, Louis, Liam, Niall e Zayn. Então, meninos, quais são seus desejos e esperanças para o futuro?

Zayn: "Fazer sucesso com a banda e espero que cheguemos ao topo das paradas algumas vezes."
Niall: "Escrever uma música que fique em primeiro lugar e fazer muito sucesso."
Louis: "Espero que o One Direction continue a existir por muitos e muitos anos."
Harry: "Quero fazer tudo certo e espero que a banda continue seu caminho."
Liam: "Quero músicas no primeiro lugar das paradas e que o One Direction tenha a carreira mais bem-sucedida da história das boy bands. E que todo mundo viva para sempre."

Este livro foi impresso pela RR Donneley Editora
e Gráfica Ltda. para a Editora Prumo Ltda.